Toni Lauerer · I bin's wieder!

Toni Lauerer

I bin's wieder

Bitte bleiben Sie dran!

ISBN 3-934863-31-0
Dieses Werk ist einschließlich aller seiner Teile urheberrechtlich geschützt.
Jede Verwertung außerhalb der engen Grenzen des Urheberrechts ist ohne
Zustimmung des Verlages unzulässig und strafbar. Dies gilt insbesondere
für Vervielfältigungen, Übersetzungen, Mikroverfilmungen und
die Einspeicherung und Verarbeitung in elektronischen Systemen.
www.mz-buchverlag.de
Umschlagfoto: Foto Wagner, Furth im Wald
© MZ-Buchverlag 2005

Inhalt

Elternsprechtag	9
Die telefonische Fahrkartenbestellung	13
Der Fonse in Amerika	16
Einmal volltanken	22
Allgemeine Abkühlung	23
Der Brenner	23
Sicherheit	23
Pardon	24
Spargelschönheit	24
EU-Probleme	24
Kindische Frauen	25
Der Festausschuss	26
In der Eisdiele	33
Die gute tschechische Küche	33
Frühlingsgefühle	34
Urlaubsliebe	34
Wachswetter	35
Wortspiele vor dem Kartenspiel	35
Selbstbeherrschung und Verzicht	36
De weißen san de besten!	40
Der Frischluftfan	46
Ungenießbar	46
Opfermut	47
Kulturgespräch am Stammtisch	47
Himmlisch	48
Fluch der Technik	48
Fahrerei	48
Alkoholfolgen	49
Gespräch im Ehebett	50
Kostspielige Jahreszeiten	50

Der Schulanfang. 51
Die deutschen Mittelgebirge 51
Die falsche Tracht. 52
Die historische Frage 53
Gespräch unter Frauen. 53
Es herbstelt. 54
Das Eingemachte 54
Die Ehe. 55
Das Weichei 55
Wachstum 55
Wirtshauslogik. 56
Die Weihnachtsgans 56
Gespräch an Neujahr 57
Der aufgeschlossene Vater 62
Wenn dich die Winde plagen. 66
Weihnachten damals 70
Das pedantische Christkind. 71
Männersorgen 72
Ein Alp(b?)traum 73
Zinsdiskussion am Stammtisch 76
Tante Fanny in München. 76
Kinderlogik. 77
Beim Neujahrsfrühschoppen 78
Weihnachtlicher Zeitmangel 79
Der Fluch der dicken Winterkleidung 80
Halb so schlimm 81
Vorstellungsvermögen 81
Der tägliche Aufriss 82
Fremdsprachenkenntnisse 82
Oma's größter Wunsch. 83
Nachbarschaftshilfe 84
Selber schuld 87
Wirtschaftsexperten 87

Abendspaziergang	88
Schlechte Zeiten	89
Existenzminimum	89
Zu wenig	90
Verwechslungsgefahr	90
Lob vom Chef	90
Sicherheit	91
Die heiße Spendenquittung	91
Die Wirkung von Dessous	91
Das ehrliche Kind	92
Leit gibts!	93
Strenge Sitten	93
Biorhythmus	94
Das todsichere System	95
Taxifahrt in Berlin	96
Beim Orthopäden	105
Aprilwetter	106
Moderne Krankheit	106
Der lange Winter	106
Messeneuheiten	107
Brutale Spiele	108
Mit Carving gehts von selbst	108
Das Gschwerl	109
In der Disco	114
Im Krankenhaus	122
Der Franz	132
Schauma amol	138
Meiner Freundin ihrem Bruder sein Auto	144
Spirit of my Hoamat	152
Lauter Deppen	154
Im Passamt	163
Der Abschluss	163
Ostern in der Metzgerei	164

Vorwort

Grüß Gott, liebe(r) Leser(in)!

I bin's wieder!

Und ich freue mich sehr, dass Sie auch bei meinem fünften Buch mit von der Partie sind!

Zwei Jahre lang habe ich mich umgehört und umgesehen in der Familie, im Freundeskreis und in der näheren und weiteren Umgebung, um Ideen zu sammeln für neue Geschichten. Und erneut habe ich gemerkt: Fast nichts ist so peinlich, dass man nicht wenigstens eine kleine Prise Humor darin entdecken kann! Ich hoffe sehr, dass es mir gelungen ist, diese kleine Prise so herauszukitzeln, dass Sie Ihren Spaß daran haben. Dass es manchmal ein wenig deftig zugeht, bitte ich zu entschuldigen – aber es lässt sich halt nicht vermeiden, denn ich möchte über das ganz normale Leben schreiben, und das ganz normale Leben ist manchmal auch ganz schön deftig.

So, genug des Vorworts, nun wünsche ich Ihnen viel Spaß beim Lesen, beim Vorlesen oder auch beim Nachspielen meiner Geschichten!

Halt, noch ganz kurz ein Satz zum Titelbild: Etliche, vor allem weibliche Leser haben mich angesprochen und gefragt, warum ich auf meinen Büchern immer so grantig schaue, weil ich doch eigentlich ein ganz freundlicher Mensch sei. Ob ich ein freundlicher Mensch bin, kann ich nicht beurteilen, ich bemühe mich zumindest. Ich habe die Kritik der Leserinnen auf jeden Fall zum Anlass genommen, meinem Verleger zu sagen, dass ich auf diesem Buch richtig freundlich schauen möchte.

Ich hoffe sehr, dies ist mir gelungen!

Herzliche Grüße!
Ihr

Elternsprechtag

Lehrer: Kommens nur herein, liebe Frau! Ich beiße nicht! Um welchen Schüler gehts denn?
Frau: Ja, i waar do wegen dem Koller Kurti.
Lehrer: Ach, du lieber Gott! Wegen dem Kurt!?
Frau: Ja. Wieso sans jetza do aso daschrocka? Is wos mit'n Kurti?
Lehrer: Liebe verehrte Frau, seien Sie mir nicht böse, aber so ein Kind hatte ich noch nie in der Klasse!
Frau: No nie? Ja, worum no nie?
Lehrer: Darf ich offen sein?
Frau: Ja feilich! Sogns, wos zum sogn is! Zwecks dem bin i ja do!
Lehrer: Entschuldigen Sie bitte, wenn ich das so direkt sage, aber der Kurt ist auf deutsch gesagt ein Saufratz erster Güte! Seine Verhaltensweisen sind mehr als auffällig und geben Anlass zu schlimmsten Bedenken!
Frau: A geh'!
Lehrer: Wenn ich's Ihnen sage! Nur eines von vielen unsäglichen Beispielen: Neulich sollten die Kinder ihr Lieblingsspielzeug zum Sachkundeunterricht mitbringen. Und womit kommt der Kurt an? Mit einem Kondom! In der vierten Klasse!
Frau: Aso a Schlawiner!
Lehrer: Schlawiner? So locker würde ich das nicht sehen. Das schlimme Ende kommt noch! Auf meinen Tadel hin, weil er einen so unappetitlichen Artikel mitgebracht hatte, entgegnete er: „Mei Lieblingsspülzeich is ja eigentlich unser Opflbaam, weil do kraxle allaweil umananda, owa der wor z'schwaar. Drum howe'n Papa sei Lieblingsspülzeich mitbrocht! Des howe aus sein Nachtkastl! Do san fei no mehra Luftballon drin, sogor schworze!" Natürlich großes Gejohle in der Klasse und ich wusste kaum mehr, wie ich reagieren sollte!
Frau: Also naa, der Kurti! Schauna grod o! Er is ja allerweil scho a weng a Treibauf!

Lehrer:	Seien Sie mir nicht böse, aber das ist kein Treibauf, sondern ein verkommenes Subjekt! Auch die Witze, die er ständig erzählt! Da werde selbst ich noch rot! Es geht immer nur um das eine!
Frau:	Um wos nacha?
Lehrer:	Ich sage nur: Sex!
Frau:	So ein Lauser!
Lehrer:	Von wegen Lauser! Das ist ein viel zu harmloses Wort für dieses vulgäre Kind! Neulich hat er in der Religionsstunde unserem Herrn Pfarrer einen Witz erzählt. Ich sage Ihnen, Hochwürden war erschüttert!
Frau:	Weil da Witz so vosaut war?
Lehrer:	Und, weil er ihn nicht kapiert hat!
Frau:	Ja mei, de Pfarrer! Also des mit de dreckigen Witz', des hod er vo sein Voda! Der hod aa den ganzen Dog nur einen Sauschmaaz draff! Ein richtiger Schweinigl!
Lehrer:	Ach was!
Frau:	Wennes Eahna sog! Unter uns gsagt: Ein Dregbär hoch drei!
Lehrer:	Sie scheinen ja nicht gerade die beste Meinung von ihm zu haben.
Frau:	I bin froh, wenn er in da Arbeit is! Dann brauch i sei dumms Gfries ned den ganzen Dog oschaun!
Lehrer:	Nun ja, das ist Ihre Sache. Mir geht es um den Sohn und nicht um den Vater. Was ich mich schon über dieses Kind aufgeregt habe! Seine Unterrichtsbeiträge sind ausnahmslos völlig unqualifiziert!
Frau:	Wia des?
Lehrer:	Nun, ich habe zum Beispiel unlängst im Fach Mathematik die Division erklärt.
Frau:	Noja, aso a Kind hod natürlich fürs Militär no koa Interesse.
Lehrer:	Nein, nicht die militärische Division, die rechnerische! Das Teilen von Zahlen!
Frau:	Ach so! So noch dem Motto „acht geteilt durch vier"?
Lehrer:	Genau! Auf jeden Fall gab ich den Schülern folgendes Beispiel aus dem Familienleben, um das Ganze anschaulicher zu machen: Wenn ihr am Sonntagnachmittag Be-

	such habt und insgesamt zu fünft seid und die Mama hat am Samstag einen Kuchen mit fünfzehn Stücken gebacken. Wieviele Kuchenstücke bekommt jeder?" Was glauben Sie, was er antwortet?
Frau:	Drei halt!
Lehrer:	Von wegen! Folgendes sagt er unter dem Gelächter der Klasse: „Wenn wir einen Bsuach hamm, dann konn es nur der Onkel Xaver mit der Tante Fanny sein, weil mit allen anderen Verwandten sind wir zerkriegt. Tante Fanny hat Zucker und darf keinen Kuchen essen und einen Diätkuchen machen wir extra wegen dera auch nicht und darum vergunnt sie dem Onkel Xaver auch keinen. Also sind wir nur drei und darum kriegt jeder soviel, dass es glangt! Obwohl da Papa normal zum Frühstück scho drei Stück hintereghaut hod!" Das ist doch keine Art und Weise!
Frau:	Des hätt i dem Kurti gor ned zuatraut, dass der so schlagfertig is. Owa dass sei Voda dermaßen verfressn is, des konn i fei bezeugen! Des segtma scho vo Weitem! Der hod einen Wahnsinnsranzen! Zum Fürchtn! Den wenns amol zreisst, des daad mi ned wundern!
Lehrer:	Also, ich muss mich doch sehr wundern! Stört Sie das nicht, wenn der Kurt solche Dinge öffentlich herumerzählt?
Frau:	Iwo! Des konn ruhig jeder wissen!
Lehrer:	Naja, ich weiß ja nicht, aber wenn Sie meinen! Aber das größte Trauerspiel sind seine Noten! Wenn es so weitergeht, wird er nicht versetzt! Mathematik fünf, Deutsch fünf, sogar in Musik gerade noch vier! Beim Vorsingen des Liedes „Horch, was kommt von draußen rein!" gab er keinen Laut von sich. Als Begründung führte er an, er wolle kein Sänger werden, sondern Rapper oder Henker, notfalls auch Frauenarzt!
Frau:	Ja eam schau o! Frauenarzt! Nackerte Weiber oschaun! Wia sei Voda!
Lehrer:	Also liebe Frau! Ich bin einigermaßen bestürzt! Ich finde, Sie nehmen die Sache etwas zu leicht!
Frau:	Mei, i konns eh ned ändern!

Lehrer:	Na, in der Grundschule könnte man meines Erachtens schon noch etwas ändern! Auch im Freizeitverhalten!
Frau:	Im Freizeitverhalten? Wia des?
Lehrer:	In Deutsch hatten wir das Aufsatzthema „Ein Fahrradausflug mit meinem besten Freund". Ich dachte, ich falle in Ohnmacht, als ich Kurts Aufsatz las!
Frau:	Jetza mochans mi owa neigierig! Wos hoda denn nacha gschriem, da Kurti?
Lehrer:	Nur einen Satz! Und zwar: „Mein bester Freund ist mein Computer und dieser kann nicht Fahrrad fahren!"
Frau:	Sunst nix? Des wars?
Lehrer:	Das wars! Eine solche Arbeit kann ich nur mit „ungenügend" benoten! Da haben Sie sicher Verständnis.
Frau:	No freilich! Do ghörtse a Sechser und aus! Des schad eam gor ned, dem Früchterl! Hauns eams no eine, de Sechser! Umso mehr, umso besser!
Lehrer:	Ja, aber es ist Ihnen schon klar, dass er dann die Klasse wiederholen muss?
Frau:	Des schad eam aa ned! Und wia hoaßts allaweil so schee: ‚Der Apfel fällt nicht weit vom Baum.' Sei Voda sagt immer, de vier schönsten Jahre in sein Leben warn de sechste und de siebte Klass'! Und mir is ja des sowieso wurscht! Was geht mi der Bankert o?
Lehrer:	Ich bin schockiert! Das kann Ihnen doch als Mutter nicht völlig egal sein! Ich bitte Sie!
Frau:	I bin ja ned sei Muada. Da Kurti is da Sohn vo unsere Nachbarn. Und weil sei Muada immer aso ogibt mit eam, wollt i amol aus erster Hand wissen, wias ausschaut. Und wos Sie mir heit gsagt ham, des hod mi so richtig gfreit! De wenn wieder ofangt mit ihrem „lieben Kurterl", dera werd i wos erzähln! Pfüat Gott und dankschön für die Auskunft!

Die telefonische Fahrkartenbestellung

Stimme:	Einen wunderschönen guten Tag!
Kunde:	Ja, ebenfalls. Griaß God! Mein Name is Franz Hörauscher. Es waar wega einer Fohrkortn. I daad ...
Stimme:	Im Moment sind leider alle Leitungen belegt. Bitte haben Sie etwas Geduld und bleiben Sie am Apparat!
Kunde:	Wos?
Stimme:	Bitte bleiben Sie am Apparat! Please hold the line!
Kunde:	Ha? Wos? Wer?
Stimme:	Bitte bleiben Sie am Apparat! Please hold the line!
Kunde:	Ach so! Des is gor koa Mensch! Des is aso a automatischs Ding! Glump varreckts!
Stimme:	Bitte bleiben Sie am Apparat! Please hold the line!
Kunde:	Scheiß Computer!
Stimme:	Guten Tag! Mein Name ist Karin Schulze. Was kann ich für Sie tun?
Kunde:	Ja frale! Kreizweis und spiralförmig konnstme, Computergoaß!
Stimme:	Wie bitte?
Kunde:	Ach so! Sie san ja echt! Ah, ja, äh, mein Name is Hörauscher. Es waar wega einer Fohrkarte auf München.
Stimme:	Eine Rückfahrkarte?
Kunde:	Des aa. Owa z'erst hi!
Stimme:	Also eine Rückfahrkarte. Von wo möchten Sie abfahren?
Kunde:	Wos von wo? Vom Bahnhof holt! Glaubn Sie vielleicht, da Zug holt mi an da Haustür ab?
Stimme:	Wie lustig! Von welchem Bahnhof denn?
Kunde:	Von unsern natürlich!
Stimme:	Und wo wäre das bitte?
Kunde:	Obergrunzing-Nord!
Stimme:	Aha! Einen Moment bitte, ich gehe nur kurz mal ins Menü!
Kunde:	Ja, wia hammas denn? Jetza glaubes owa! Sie kinnan doch jetza ned zum Essn geh!
Stimme:	Nein, ich meinte ins Computermenü! Ich sehe nur nach, was für Sie die günstigste Möglichkeit wäre.

Kunde:	Ey bülliger, ey besser!
Stimme:	Wie bitte?
Kunde:	Je billiger, desto besserer!
Stimme:	Bitte bleiben Sie am Apparat!
Kunde:	Ach du Schreck! Jetza sogns bloß, Sie san scho wieder da Computer!
Stimme:	Nein, mein Name ist Karin Schulze!
Kunde:	Gottseidank! I hob mir denkt, des waar scho wieder de ganz ander! De elektrische!
Stimme:	Also: Wenn Sie an einem Samstag oder Sonntag fahren, dann würde die Fahrt zweiter Klasse nur 22 Euro kosten und Sie könnten noch bis zu drei Begleitpersonen mitnehmen.
Kunde:	Nicht schlecht!
Stimme:	Gell, da staunen Sie!
Kunde:	Owa Sunnta is nicht möglich, Samstog aa ned. Ewig schod!
Stimme:	Wirklich schade. An einem anderen Tag können Sie leider niemanden kostenlos mitnehmen.
Kunde:	I schatz, do mog eh koaner mit.
Stimme:	Na gut, dann isses ja nicht so schlimm. Und an welchen Tag hätte Sie gedacht?
Kunde:	Morgen um elfe!
Stimme:	Ach so, morgen schon! Tja, morgen ist Dienstag. Das heißt, Sie müssten dann Normaltarif zahlen, das wären 31,20 Euro.
Kunde:	Jamei. Des muaß mir de Gaude wert sei! Es hilft ja nixe.
Stimme:	Eventuell gäbe es aber noch einen Sondertarif für Geschäftsreisen. Ist denn der Termin in München eher privater oder eher geschäftlicher Natur?
Kunde:	Eher urologischer! I muaß zum Doktor. Zwecks de Niern!
Stimme:	Oh, das ist aber unangenehm!
Kunde:	Des kinnans laut sogn! Und es kimmt oft deierer, als man glaubt!
Stimme:	Naja, das ist halt der Normaltarif für Werktage. Billiger als 31,20 Euro gehts nun mal nicht.
Kunde:	Is scho klar. Zwider is dann bloß, wennst a Fohrkortn kaffst und konnstas ned hernehma!

Stimme:	Wieso?
Kunde:	Letzts Johr wor i aa scho in München beim Doktor. Und obwohl dass i a Rückfohrkortn ghabt hob, bin i mit'n Taxi hoamgfohrn! Sie, mit dem Geld, wos des Taxi kost hod, do geh i drei Monat am Stammtisch und moch a Weißbiertherapie!
Stimme:	Wieso sind Sie denn mit dem Taxi heimgefahren und nicht mit dem Zug?
Kunde:	Schuld is da Doktor! Der hod gsagt, i hob a Nierenbeckenentzündung und i soll jede Form von Zug meiden!

Der Fonse in Amerika

Rudi:	Prost, Fonse!
Fonse:	Ex und hopp, Rudi, olte Wurschthaut! Saffmas aus, dass a neis Plotz hod!
Rudi:	Genau! Und? Wos gibts Neis? Was spricht das Volk?
Fonse:	Z'Amerika bine gwen!
Rudi:	Oläck!
Fonse:	Des konnst laut sogn! Hä, des is ein Land, a Land is des, also des is a Land, do konnma wirklich sogn: ‚Mensch, is des ein Land!' Gega Amerika samma ja mir gor koa Land ned. Maximal a Landschaft, owa niemals a Land. Kruzenäsn, is des ein Land!
Rudi:	Oläck!
Fonse:	Und dodal faszinierend! Kulturell zum Beispiel. Do zohlst du acht Dollar und dann konnst du soviel essn, wia du zwingst. I hob vier Hamburger packt und a Kilo Späripps. Des san Ripperln, do sagt da Amerikaner Späripps dazua.
Rudi:	Boah! Acht Dollar bloß!
Fonse:	Und's Cola is in de acht Dollar dabei. Hä, Rudi, de saffand Cola, sowos host du no ned gsehng! I wenn des Cola saffa daad, wos a normaler Amerikaner safft, hä, i daad jede Nacht senkrecht im Bett drin steh! I kannt koa Sekundn ned schloffa.
Rudi:	Oläck! Worum nacha?
Fonse:	Zwecks dem Coffein! Des is do drin.
Rudi:	Oläck!
Fonse:	Owa da Amerikaner an sich schlofft sowieso ned, weil der schaut pro Dog 24 Stund Fernseh und in da Nacht aa no. De hamm 256 Sender. I hob amol alle durchgschalt und dann hob i an Krampf in de Finger ghod. Irgendwie hamms scho a weng an Bäng, de Ami. Ganz sauber sans ned. Aa mit de Gsetza. De hamm do Gsetza, do fragst di scho, wos des soll.
Rudi:	Wia moanst jetza des?
Fonse:	Zum Beispiel derfst du z'Amerika unter 21 Johrn im Wirtshaus koa Bier ned trinka.

Rudi:	Oläck!
Fonse:	Des is de Wahrheit!
Rudi:	Ja, jetza muaß i scho dumm frogn: Vo wos leben de dann, wenns koa Bier ned trinka derfan? Nur Schnaps, des holt doch koaner aus.
Fonse:	Naa, ned Schnaps! Cola trinkens. I hobdas doch grod erzählt.
Rudi:	Ja, scho. Owa des trinktma doch bloß tagsüber. Aaf d'Nacht trinkt doch a normaler Mensch a Bier.
Fonse:	A normaler Mensch scho, owa i red ja jetza vo de Amerikaner. Do muaßt du a Cola trinka, wennst du unter 21 bist und koa Bier. Des is Gsetz und aus.
Rudi:	Mir wennst ned gangst!
Fonse:	Du, und ned dass du moanst, dass des do locker gehandhabt wird. Do gibts an Sheriff und der kennt keinen Pardon! Der kimmt ins Wirtshaus eine und schaut wia da Deifl. Und wenn du zum Beispiel als Neinzehnjähriger drinsitzt und haust dir de Birn voll mit Bier, hä, do brennt da Huat, des konn i dir sogn!
Rudi:	Oläck! Inwiefern?
Fonse:	Der duat do gor ned lang umananda. Der geht hi, schaut, und dann sagta eiskalt: „So, des wars, du bsuffas Wogscheidl! Jetza spir i di ei, bist'd schimmelst!"
Rudi:	Des sagt der?
Fonse:	Owa genau!
Rudi:	Ja, dass der so guat deitsch konn.
Fonse:	Naa, der sagts natürlich aaf amerikanisch. ‚It's all over now, baby blue!' sagta oder so ähnlich. Und dann woaß der Neinzehnjährige haargenau, dass da Gspoaß aus is. Ab ins Gfängnis!
Rudi:	Oläck! Ins Gfängnis glei?
Fonse:	Ja, wos glaubst denn du? Des geht do ruckzuck! De daan do ned lang umanand. Du, z'Amerika, do gibts mehra Gfängnissa wia Krankenheiser! De san gsund, aber kriminell. De spirn alles ei, wos a weng dumm schaut. De san do rigoros. Und wehe, dem Sheriff kimmt oaner dumm! Des is ned aso wia bei uns, dassma zu an Polizistn einfach sogn konn ‚hä, also gell!' Do herrscht no ein Respekt! Do hod ned jeder Depp glei Rechte oder so!

Rudi: Ned?
Fonse: Kein Drodenka! Du, der Sheriff, der reißt sei Magnum aussa und dann kuscht jeder Verbrecher!
Rudi: Sei Magnum?
Fonse: Sei Magnum!
Rudi: Ja, hamm de aso eine Angst vor an Eis?
Fonse: Doch koa Magnum-Eis! A Magnum-Pistoln!
Rudi: Oläck!
Fonse: Da Sheriff, der hod do eine 44-er Magnum, mit dera wennst du zum Beispiel aaf an mittelschwaarn Hosn schiaßt, do bleibt nix über. Den z'legts! Eventuell a poor Hoor, owa des is dann scho alles.
Rudi: Boah!
Fonse: Jaja, es is ein gnadenloses Land, des Amerika. Owa gerecht! Sehr gerecht! Do wenn oana nix orwat, der hod aa nix. Von wegen ‚Vater Staat zahlt'. Do hoaßts ‚duast du nix, dann frisst aa nix! ‚Nou risk, nou fann' sagtma do aaf amerikanisch. Des is natürlich a System, do wo da oane oder da andere scho amol aaf da Streck bleibt, des is klar. Owa i sog, liaba gehts sechs sauguat und vier sauschlecht, bevor dass zehne mittelmäßig geht.
Rudi: Do host du aa wieder recht. Des Mittelmaß is aaf Dauer aa nix. Weilse nix rührt.
Fonse: Genau! Des is so lätschert, des Mittelmaß. Owa z'Amerika, do gibts sowos ned. Do sitzt amol a Penner oder irgend sowos ähnlichs aaf da Straß, des is dann direkt a Farbtupfer im grauen Alltag.
Rudi: Des seg i aa aso.
Fonse: Wos i natürlich ned guat find, des is, dass z'Amerika de Schwarzen relativ stiefmütterlich behandelt werdn. Des is scho a Manko.
Rudi: Also des daad bei uns in Bayern ned passiern! Weil do sans de mehrern!
Fonse: Naa, ned de politischen Schwarzen, de echten! D'Näger quasi. De san do einfach schlechter dran, rein chancenmäßig. Do wenn oaner ned grod a Gouverneur is oder a Rapper, der kimmt zu nix. Eventunell no a Dealer, owa des is aaf Dauer aa nix, weil bis er schaut, is ja scho wie-

	der da Sheriff mit da Magnum do. Naa, de Schwarzen san scho a weng im Hintertreffen. De hamms ned leicht.
Rudi:	Des find i ned richtig.
Fonse:	I aa ned. Aso konnma meines Erachtens ned mit de Ureinwohner umspringa!
Rudi:	D'Näger san de amerikanischen Ureinwohner?
Fonse:	No freilich! Wer den sunst?!
Rudi:	I hätt gmoant, des san d'Indianer.
Fonse:	Also Rudi! Jetza derfst owa aafhörn! D'Indianer! De gibts doch gor ned in echt! De hamms doch bloß erfunden wega de Cowboyfilme! Dass de Cowboys irgendwen hamm zum raffa. Da Winnetou zum Beispiel is in echt a Franzos!
Rudi:	Ach so! Des hob i fei ned gwisst. De hamm im Fernseh allaweil so echt ausgschaut.
Fonse:	Du derfst ned alles glauben, wos du im Fernseh segst. Des is eine elektrische Verarschung vo hint bis vorn! Host du außerhalb vo dein Fernseh scho amol an Indianer gseng?
Rudi:	Ja, am Fasching!
Fonse:	War des a echter?
Rudi:	Naa, des war da Kulzer Heinz mit an Kostüm und an drumm Rausch.
Fonse:	Eben! Wieder koa echter, sondern a künstlicher! Host scho amol an echten gseng?
Rudi:	Naa, no nie.
Fonse:	Also! Weils koan gibt! Des is genau aso wia mit'n Derrick oder mit'n Flipper. De gibts in echt aa ned.
Rudi:	Jetza, wosdas sagst, leicht mir des ei. Wennma a weng nochdenkt, dann kimmtma scho draaf.
Fonse:	Segstas! Owa nomol zu Amerika: Erschütternd is natürlich des mit de Joints. Mi hamms um zwanzg Dollar gstrofft, weil i in an öffentlichen Park a Zigrettn graucht hob, owa wenns halberte Volk mit an Joint im Hosnsoog umanandarennt, do songs nix!
Rudi:	Oläck!
Fonse:	Du, de san dodal high! Aaf offener Straß! Drum hoaßn ja de Straßen in Amerika ,Highway'.

Rudi:	Aha, do kimmt des her!
Fonse:	Logisch. Also, des sog i dir scho: Liawa faahlts mir aaf da Lung, bevor dass i vor lauter Joints a Volldepp bin!
Rudi:	Do is wos dran!
Fonse:	Owa am allermeisten hod mi des New York fasziniert. Also sowos hob i no nie gseng. Des is eine Stod, also do konnma sogn, aso eine Stod findst du ned leicht. Des wenn ned zufällig bloß a Stod waar, dann waars a Land, so grouß is des! New York kannt zum Beispiel niemals d'Hauptstod vo Österreich wern, weils gor ned einepasst.
Rudi:	Owa trotzdem is da Schwarzenegger Gouverneur wordn.
Fonse:	Des scho, owa vo Kalifornien, ned vo New York! Und Kalifornien, des is ja wieder wos anders. Do san soviel Ausgflippte, do is eh scho wurscht.
Rudi:	Do host aa wieder recht!
Fonse:	Naa, des New York, des is da Hammer! Wos schätzt du, wiaviel Einwohner dass Berlin hod?
Rudi:	Berlin? I daad sogn, einige!
Fonse:	Genau! Und jetza holt di fest: New York hod fünfmol soviel!
Rudi:	Oläck!
Fonse:	Und Wolkenkratzer! Du, des san Wolkenkratzer im wahrsten Sinne des Wortes! Dagegen san unsere sogenannten Wolkenkratzer Austragsheisln! Mir hod a Amerikaner gsagt, dass do manchmal aso is, dass unten rengt und obn schneibts. Des kimmt do vor. Do is dann praktisch d'Schneefallgrenz so ca. beim 85. Stockwerk. Manchmal natürlich aa beim 100., je nach Temperatur. Es konn allerdings aa sei, dass untn und obn rengt, vor allem im Summer. Oder es schneibt untn und obn, des waar dann eher im Winter da Fall.
Rudi:	Is scho klar. Des wennst aso bedenkst, des is scho a Wahnsinn. Bei uns fohrst mit'n Aufzug vom Lager in d'Kantine und z'New York, do fohrst vom Hirgst in Winter! Des is scho krass!
Fonse:	Owa ehrlich! Also mi hod des New York direkt begeistert. I hob mi gor nimmer sattsegn kinna!
Rudi:	Wia lang warst nacha z'New York?

Fonse: Durt wor i ned, owa drübergflogn samma und do howes dann gseng.
Rudi: Is klar. Do brauchst ja dann bloß oweschaun, dann segstas.
Fonse: Genau. Owa des Amerika, des is ja insgesamt einfach gewaltig. Mei Oma wenn des seng daad, de daad hellauf schaun! De daad sogn: ‚Uiuiuiui!' Des garantier i dir. Perplex waar de, dodal perplex! De hod ja scho bei Straubing gsagt: ‚Ja, gibts des aa! Is de Welt grouß!'
Rudi: Bei Straubing hod de des scho gsagt?
Fonse: Bei Straubing! I daad ja nix sogn, wenns des bei Berlin gsagt hätt, owa bei Straubing! Obwohl Berlin gega Amerika aa a Witz is!
Rudi: A glatter Witz! Und wos war nacha für di des Beste an Amerika?
Fonse: Also, alles in allem de Hamburger! De san do einfach saftiger. Also wirklich, do konn oaner sogn, wos er mog. Kocha kinnans, de Ami! Und kulturell sans aa aaf Zack!
Rudi: Ah geh!
Fonse: Ja! Do gibts zum Beispiel in fast jedem Dorf an Table-Dance. Bei uns findst du des bloß in München oder so. Owa z'Amerika, do hodse d'Kultur scho am flachen Land durchgsetzt. Do gibts Table-Dance in jedem Kaff. Kaam trinkst du eine Holbe, hupft scho aso a Weiberts am Tisch umananda. Und des Guade is, du brauchst gor ned amerikanisch kinna. Dera steckst du an Dollar in BH eine und scho host an sozialen Kontakt.
Rudi: Des is des. Do erlebst holt wos. Bei uns is ja kulturell nix geboten. A Heimatmuseum und a Naturpark! Des is doch koa Kultur! A Wunder is ned, dass des a Draafzohlgschäft is. Aso a Table-Dance, der tragtse selber. Der bräuchert koan Zuschuß, weil do is einfach a Bedarf do und dann gengan d'Leit aa hi. I gang aa hi, owa mir hamm ja koan.
Fonse: Eben! Naa, es is einfach guat, wennma amol wos segt vo da Welt. Do kriagtma an ganz an andern Horizont.
Rudi: Genau! Des segtma an dir. Du bist holt einfach ein Mann von Welt!
Fonse: Mei, des bin i holt einfach, weil i mi mit so Sachen befass. Wenn i mein Nachbar oschau, der is und bleibt oaschich-

	tig. Der wenn Urlaub hod, der fohrt aaf Berlin in a Museum oder aaf Hamburg in a Musical. Do segst natürlich nix vo da Welt.
Rudi:	Der wird nie erfahrn, dass z'Amerika d'Hamburger so guat san!
Fonse:	Der ned!
Rudi:	Mei, so Leit wia den wirds immer gebn. Gega unseroan san de einfach ... einfach ...
Fonse:	Primitiv!
Rudi:	Genau!

Einmal volltanken

Sepp:	Omei, der Sprit! De Bolitiker mit ehrana Mineralölsteier, de spinnan dodal! De treibn oan direkt ins Ausland zum tanka, weilse des koa Mensch nimmer leistn konn bei uns.
Kare:	Owa ehrlich! Mei Schwoger ...
Sepp:	Da Mo vo deiner Schwester?
Kare:	Ja freilich da Mo vo meiner Schwester! Mei Bruader hod ja a Wei!
Sepp:	Ja eben!
Kare:	Aaf jeden Fall, mei Schwoger, der wohnt in Rosenheim. Und der is letztdings extra aaf Österreich gfohrn und hod tankt.
Sepp:	Koa Wunder is ned! Und vo Rosenheim, do is ja ned weit ume aaf Österreich.
Kare:	Owa frage nicht, wias den gstroft hamm wega dem tanka. Bruddal hamms den gstroft!
Sepp:	A geh! Wirdma do gstroft dafür?
Kare:	Zwoatausend Euro!
Sepp:	Jetza derfst owa aafhörn!
Kare:	Plus acht Monat Führerscheinentzug! Mei liawa, der tankt so schnell nimmer in Österreich!
Sepp:	Ja kruzenäsn! Wos hod denn der tankt?
Kare:	Acht Weißbier und an doppelten Obstler!

Allgemeine Abkühlung

Sepp: Mensch, wenn i aso zruckdenk: Heit vor an Johr hods 35 Grod im Schatten ghabt! Und heier? Grod amol 15 Grod. Do segstas, wias aaf oa Johr abkühln konn.
Kare: Owa ehrlich! Aaf a Johr is eiskolt wordn. De ganze Hitz is weg!
Erwin: Des konn i bestätigen! I hob vor oan Johr gheirat!

Der Brenner

Oma: Sepperl, alles Guade zum zehnten Geburtstag! Do schau her, do host zwanzg Euro! De duast schee aaf dei Sporbiacherl, gell! Nacha host wos, wenn amol a schlechte Zeit kimmt!
Sepperl: Danke, Oma! Du Oma, d'Jennifer hodma fei zum Geburtstag drei CD's brennt!
Oma: Ja gibts des aa! Wirstas holt wieder g'ärgert hobn, dei Schwester! Sunst hättses bestimmt ned ozundn!

Sicherheit

Am Radio hamms gsagt, dass wega dera EU-Osterweiterung de Sicherheit sinkt, weil de Grenzkontrollen wenga werdn. Aso a Schmarrn! Wenn de Grenzkontrollen wenga werdn, dann steigt de Sicherheit! So sicher warn nämlich de Kriminellen no nie!

Pardon

Also, da Rudi is einfach a Gloifel! Der hod kein Gspür, wiamase Feriengäste gegenüber benimmt. Schreit er letzdings im Wirtshaus umanand, dass 50 Prozent vo de Preißn an Schlog hamm. Natürlich hört des ein Feriengast und beschwertse. „Das nehmen Sie aber jetzt sofort zurück!", hoda zum Rudi gsagt. Da Rudi hod gottseidank sein Fehler eigseng und hod gsagt: „Okay, i nimms zruck! 50 Prozent vo de Preißn hamm koan Schlog!"

Spargelschönheit

Kare: Hä Sepp! Wos daaderst du sogn, für wos dass da Spargel do is?
Sepp: Aso a bläde Frage! Zum essn holt!
Kare: Des hob i aa allaweil gmoant, dass der zum essn is. Owa mei Nachbarin, de hod den Spargel püriert.
Sepp: Wos hods?
Kare: Ghäckselt praktisch. Z'haut aaf lauter Dreg! Und dann hods a Gesichtsmaske draus gmocht und aafs Gsicht draafgschmiert. Sie sagt, des mocht schee!
Sepp: Ja und? Is scheena worn?
Kare: Momentan scho. Owa dann hods de Maske wieder owa do!

EU-Probleme

Sepp: Des mit dera EU-Osterweiterung, des war aa aso a Kaas! Seit dass Tschechien und Polen dabei san, san durt de Zigrettn und da Schnaps deierer worn!
Kare: Beim Kaviar oder beim Parfüm waars mir ja wurscht gwen, owa akkrat bei de Grundnahrungsmittel!

Kindische Frauen

Sepp: Also Kare, des sog i dir scho: Es gibt nix kindischeres ned als wia a Wei!
Kare: Des stimmt!
Sepp: Genau!
Kare: Und wia kimmst jetza do draaf?
Sepp: I segs momentan an da Meinigen! De hod ein Gschieß mit ihran Gartn, also sowos kindisches! Do muaß a gelbs Blumerl steh, do a blaus Blumerl, do a Fliederl und durt a Tulperl. Direkt zum locha!
Kare: Also de Weiber! Unmöglich! Sowos kindisches! Do a Blumerl und durt a Blumerl! Des is doch wurscht, ob do a Blumerl steht oder a Kohlrabi. Des is doch dodal bibifax!
Sepp: Owa ehrlich! Des interessiert koan Menschn ned! Kindisch bis dort hinaus! Des san reine Äußerlichkeiten! Owa mir is des wurscht. I sog nix, dann hob i normal mei Ruah.
Kare: Do host du vollkommen recht!
Sepp: Bloß gestern hätts mi bold gnervt. Daad sie mir oschaffa, i solltert im Blumenbeet 's Unkraut auszupfa! Hä, i und Unkraut auszupfa! Bin i vielleicht a Depp oder wos? „Des san Äußerlichkeiten!", hob i gsagt. „Sowos interessiert mi ned!" Woaßt, mi interessiern de wesentlichen Sachen im Leben, ned aso a Schmarrn. Und außerdem hob i sowieso koa Zeit ghod, weil i hob gestern drei Stund mei Auto gwoschn und poliert!

Ein Höhepunkt in der Geschichte eines Vereins ist die Durchführung eines Gründungsfestes. Damit dieses gelingt, will es aber gut vorbereitet sein. Die Besucher sollen in Scharen kommen, sich wohlfühlen und möglichst viel an Essen und vor allem Getränken konsumieren, das Wetter soll passen und – was am wichtigsten ist – es soll viel Geld übrigbleiben für die Vereinskasse. Verantwortlich für den reibungslosen Ablauf ist das Gremium, das die Fäden in der Hand hält, nämlich

Der Festausschuss

Vorstand: Liebe Festausschußmitglieder! Ich begrüße euch sehr herzlich zur heutigen Festausschußsitzung! Ich stelle fest, wir sind praktisch vollzählig, da Duffinger, Krampfer, Wirz und Hornbauer und ich anwesend sind. Nur Kumpfmeier fehlt unentschuldigt!
Wirz: Moment! Da Kumpfmeier hod doch grod ogruafa und gsagt, dass er ned konn, indem dass er heit sein 20. Hochzeitstag hod!
Krampfer: Ned bloß er, sei Olte aa!
Vorstand: Ja und? Des is doch koa Entschuldigung! I lassmas grod no eigeh', dassma bei da silbern Hochzeit dahoam bleibt, owa doch ned am 20. Hochzeitstag! Wo kammadma denn do hi!
Duffinger: Do hod da Vorstand recht. Man konn doch ned wega jedem Kaas dahoam bleibn!
Hornbauer: Owa ehrlich! Amol is Hochzeitstag, amol hod d'Frau Geburtstag, amol a Kind a Firmung, amol stirbt ebba – ja, wennma do a jedsmol dahoam bleibn daad, do kammadma überhaupt nimmer furt!
Krampfer: Genau! Und's Vereinsleben daadert darniederliegn!
Wirz: *Kleinlaut:* I hob ja bloß gmoant!
Vorstand: Jaja, is scho recht, Wirz! Bei uns derf a jeder sei Meinung sogn. Also, Männer von Galiläa, wia schaut aus? Habts eich scho Gedanken gmocht zwecks unserm Gründungsfest? Mir brauchma Ideen! Allaweil bloß Gottesdienst,

	dann Umzug, dann Festzelt, des is aaf Dauer langweilig. Habts Vorschläge, wosma ändern kannt?
Duffinger:	Ja, i hätt an Vorschlag: Wennma anstatt dem Gottesdienst an Preisschafkopf eibaun daaderten?
Wirz:	Spinnst du, Duffinger? Des kinnma doch ned macha!
Duffinger:	Ja, wieso denn ned?
Wirz:	Weilma doch koa Leit ned hamm zum aafschreibn vo de Punkte und für d'Auswertung! De san doch alle an da Schenk beschäftigt und bei da Parkplatzeinweisung!
Krampfer:	Des stimmt! I hätt' jetza spontan aa gsagt, dass des a Superidee is mit dem Schafkopf. Owa mir hamma koa Leit ned zum schreiben. Des is des.
Duffinger:	Des hob i ned bedacht! Hm, wos mochma dann?
Hornbauer:	Also i wüßt jetza aa nix!
Krampfer:	Vielleicht wissert da Kumpfmeier wos, owa der is ned do.
Hornbauer:	Wega sein blädn Hochzeitstag!
Wirz:	Jetza hamma'n Dreg im Schachterl!
Vorstand:	Also, bevor dassma an Schmarrn macha, machmas wia immer! Oder, wos sagts ihr?
Duffinger:	Mei, wos willst scho macha?
Wirz:	Nix konnst macha!
Hornbauer:	Gar nix!
Krampfer:	Da Kumpfmeier wenn do waar, wer woaß wissert der ned wos!
Duffinger:	Des is Schicksal!
Vorstand:	Also guat, da Sonntag waar dann tagsüber soweit klar: Gottesdienst, Festumzug, Festzeltbetrieb am Nachmittag.
Hornbauer:	Genau! So schlecht is des aa wieder ned!
Vorstand:	Owa aaf d'Nacht, do hätt i gmoant, dassma do an Event braucha! Ned bloß de übliche Bierzeltmusik, sondern irgendwos kulturelles!
Hornbauer:	Ja, owa des Goaßmaßwettsaufa hamma doch scho am Samstag aaf d'Nacht! Des is doch Kultur gnua!
Krampfer:	Ja eben! Und a mords a Event is aa!
Duffinger:	Genau! Und am Freitag aaf d'Nacht hamma de Techno-Night mit'n DJ Blechhirn! Also i find, do rührtse doch wos!

Vorstand: Alles schee und guat. Owa ihr wissts doch ganz genau, wias immer is: Da Sonntagabend is allaweil a weng fad. Do sans alle fix und foxi vom Umzug und dann schauns recht bläd.
Hornbauer: Genau! Fuchzg Prozent san bsuffa und de andern hamm an Rausch!
Duffinger: Sehr lustig, Hornbauer! Ha ha ha!
Vorstand: Aaf jeden Fall miaßma mir verhindern, dass d'Leit hoamgengan, weil des waar fatal! Mir brauchma wos, wos d'Leit bei da Stang halt, do wo da normale Festbesucher sagt: „Ja mi läckst!" Irgendwos für's Auge!
Hornbauer: Ja, und wennma aso a Art Striptease mocha daadn?
Duffinger: I moch koan, dassdas glei woaßt!
Hornbauer: Doch ned mir! I moan scheene junge Damen. De konnma engagiern und dann ziangse de aaf da Bühne langsam aus.
Duffinger: Aso! Ja dann is des wos anders!
Krampfer: Ganz wos anders!
Wirz: I bin grundsätzlich aa dafür. Owa des muaß unter uns bleibn, weil sunst lasst mi mei Wei ned ins Bierzelt geh' am Sunnta aaf d'Nacht.
Hornbauer: I glaub, du hostas nimmer alle! Des konn doch ned unter uns bleibn! Do miaßma doch a Werbung macha, sunst kimmt ja koana! Der Striptease, der muaß aaf d'Einladung affe und aafs Plakat! Du muaßt di einfach besser durchsetzn bei deiner Frau! Schau mi o, i dua, wos i will!
Wirz: Ja du! Du bist ja ned verheirat!
Hornbauer: Eben!
Wirz: Aaf jeden Fall is des schlecht, wenn des am Plakat obnsteht und aaf da Einladung. Wenn i mir des vorstell: 1. Gottesdienst, 2. Festumzug, 3. Begrüßung und Totengedenken, 4. Ehrungen, 5. Striptease. Also i woaß ned. Des Ideale is des ned, rein optisch.
Duffinger: Owa es bringt uns Leit ins Zelt! Und nur um des gehts!
Vorstand: Do host du im Prinzip scho recht, Duffinger. Owa a guats Gfühl hob i do aa ned dabei. Woaßt, es san ja aa Ehrengäste do. Da MdB, da MdL, da Landrat, sogar da Gschäftsführer vom Bauernverband! Und do solltma scho a gwiss

Niveau ned unterschreiten. A Striptease is do ned angebracht. Woaßt, des geht direkt a weng in Richtung Fleischbeschau.
Hornbauer: Ja eben! Grod sowos kimmt o bei de Leit! Glaubtsmas! Also i, i schau do gern hi!
Wirz: I aa, owa es geht ums Prinzip. Mir kinnma des ned macha, weil des eventuell an Ehrengast brüskiert!
Hornbauer: *Spöttisch:* Brüskiert! Eam schau o! Wo host denn des Wort aafgschnappt? Brüskiert! Jetza derfst owa aafhörn! Brüskiert! I glaub, i spinn!
Vorstand: Jetza bi staad, Hornbauer! I gib dem Wirz recht. An Striptease mochma ned! Es is aa wega da Würde der Frau!
Hornbauer: *Immer noch kopfschüttelnd:* Brüskiert! Er! Und Würde der Frau! Er!
Vorstand: Jetza follt mir spontan ganz wos anders ei: Wos daads ihr zu ana Misswahl sogn?
Krampfer: Mensch, des waar a Sach! A Misswahl! Des is wos mit Niveau. Do konn koaner wos sogn!
Wirz: Wia daad des ablaffa, so vom Ablauf her?
Vorstand: Do daadma in d'Zeitung eineschreibn, dassma a Misswahl macha und dann kanntnse Kandidatinnen bewerben. Natürlich mit Foto, dassma wissen, wias ausschaun. Ned, dass a rechts Gfries dabei is, man woaß ja nie! Es gibt heitzudogs Deandln, de glaubn, sie san schee und derweil schauns aus wia de letzte Schupfahex! Aso oane duatse nämlich selber koan Gfalln, wennsase bewirbt. Weil a jeder sagt: „Ja kruzenäsn, wos will denn de do?" Des belast' dann aso a Deandl aa psychisch!
Wirz: Ja, und wos daadn dann de Kandidatinnen macha?
Hornbauer: *Lachend:* An Striptease!
Vorstand: Depp! Naa, denen daadma Fragen stelln, aso a Art Quiz und dann lassmas aaf da Bühne aso hi und her geh, dass d'Leit wos zum schaun hamm. Amol im Kleidl, amol im Badeanzug, wias holt aso zuageht bei so Misswahlen. Und de wos gwingt, des is dann praktisch de Miss.
Hornbauer: Owa eigentlich, streng genommen, is des aa aso a Art Striptease!

Duffinger: Also Hornbauer, jetza hör amol aaf! Sei halt ned so verbohrt! Du host di dermaßen aaf den Striptease versteift! Mir machma a Misswahl und aus!
Krampfer: Genau! Owa wos für oane?
Vorstand: Wos „wos für oane"?
Krampfer: Wos für a Miss? D'Miss Germany kinnma ned wähln, weil des is scho a andere.
Vorstand: Mensch Krampfer, do host du recht! Des hob i gor ned bedacht. Hm, wos nehma denn do für a Miss? Zenalln ...
Hornbauer: Wos gibt's denn für Missn?
Wirz: Mei, d'Miss Universum, d'Miss Bayern, d'Miss Wein ...
Duffinger: D'Miss Wein? Wer isen des?
Wirz: Noja, de, de wos aaf jedem Weinfest in Franken a poor Worte sagt und dann trinkts Prost.
Hornbauer: Des is doch d'Weinkönigin, du Nislpriem! Koa Mensch sagt zu dera „Miss Wein"! Owa so oane brauchma sowieso ned wähln, weil erstens gibts scho oane und zwoatens waar de bei uns fehl am Platze, weil koa Mensch koan Wein ned trinkt.
Duffinger: Richtig! Der is mir z'sauer! Und außerdem: Kaam trinkst vier, fünf Schoppen, dann koppdada affa! Naa, i bleib beim Bier!
Vorstand: Des is mir ehrlich gsagt wurscht! Die Frage is, wosma mir für a Miss wähln. Halt, jetza wisst i wos: Wos holts denn von da „Miss Sommer"?
Krampfer: Miss Sommer?
Hornbauer: Wos is nacha des?
Vorstand: Ja, weil unser Gründungsfest ist doch vom 23. bis 25. Juli. Und wos is do?
Duffinger: Freitag, Samstag, Sunnta.
Vorstand: Naa, wos für a Jahreszeit?
Duffinger: Summa!
Vorstand: Genau! Und drumm wählma d'Miss Sommer! Des soll dann quasi bedeitn, dass des des scheenste Deandl vom ganzn Summa is.
Duffinger: Hä, des is guat! Also mir gfollt Miss Sommer! Des klingt so frisch, so, so, so sommerlich direkt.

Hornbauer: Ja, des hod wos. Des nehma! Weil „Miss Sommer", des schaut am Plakat bestimmt guat aus. Und glei naxte Woch schreima in d'Zeitung eine, dassma aaf Bewerbungen wartn!
Vorstand: Genau! Mit Foto!
Wirz: Ja, und wer konnse do bewerben?
Vorstand: Mei..., i daad sogn, alle weiblichen Deandln zwischen 16 und 25 Johrn.
Krampfer: Hm, des is owa schlecht.
Vorstand: Wieso is des schlecht?
Krampfer: Weil mei Tochter is 26. Und de daad so gern a Model wern! Weil sie sagt, Bäckereifachverkäuferin, des befriedigts aaf Dauer ned. Des gibt ihr koan Kick.
Duffinger: Koan wos?
Krampfer: Koan Kick.
Duffinger: Wos is nacha des, a Kick?
Krampfer: Des woaß i aa ned. Aaf jeden Fall waar aso a Misswahl a guade Gelegenheit!
Hornbauer: Owa de hod doch koa Chance! Versteh mi ned falsch, Krampfer, sie schaut ned schlecht aus. Owa auffallend guat aa ned!
Krampfer: De wennse a weng herricht, de kennst du nimmer, so guat schaut de dann aus!
Hornbauer: Ja guat, mir is ja des wurscht. Vo mir aus zwischen 16 und 26.
Vorstand: Alles klar, machma zwischen 16 und 26 Jahre und weiblich.
Duffinger: Mir brauchma fei no a Jury! Also, i daad mit, wenns gewünscht is!
Hornbauer: I aa! I bin unbefangen, weil i hob koa Tochter ned! Ned amol a Wei! I bin dodal unbefangen!
Vorstand: Also i daad sogn, wos de Jury betrifft, do machma a extra Sitzung. Weil sowos will guat überlegt sei. Weil aso a Miss, de konn dann a mords a Karriere mocha. Aa überregional! I kenn oane, de war amol „Miss Schützengau" und de orwat jetza am Landratsamt!
Wirz: Mi host ghaut!
Vorstand: Jawoll, des is Wahrheit!

Hornbauer: I wollt bloß no sogn, dass da Krampfer ned in da Jury sei konn, wenn sei Tochter mitduat!
Krampfer: I will ja gor ned!
Hornbauer: I sog bloß.
Vorstand: Alles klar. I daad sogn, wenn koana mehr wos hod, dann schließma de Sitzung und ratschma no a weng. Also, gibts no wos?
Wirz: Mir follt grod no wos ei: Unsere Nachbarn, de hamm a ganz a saubers Deandl. Owa de wenn Miss Sommer wern daad, des waar irgendwie bläd.
Vorstand: Wieso waar des bläd?
Wirz: Weils „Winter" hoaßt!

Allgemeines befreiendes Gelächter.

Vorstand: Omei Wirz, du bist dei Geld wert!
Wirz: I moch gern amol an Gag! Zwischendurch! Des is oft lustig mit de Namen. So Sommer und Winter und so. Des is oft ganz komisch!
Hornbauer: Hä Leit, ohne Schmarrn: I wor amol Zeuge in an Prozess, do hod da Angeklagte „Richter" ghoaßn. Des war eine Gaude! Do wia da Gutachter gsagt hod „das geistige Niveau des Herrn Richter entspricht dem eines elfjährigen Kindes" hamm alle glocht, bloß da Richter ned. Also da echte, ned da Angeklagte!

Erneutes Gelächter.

Vorstand: Bevor, dassma jetza dodal in Schmarrn einekemma: I daad sogn, de Sitzung is genau des, wos da Unterbräu jeden Montag is.
Duffinger: Wos nacha?
Vorstand: Geschlossen!

In der Eisdiele

Pfarrer: Mmhh, is des a guada Eisbecher! Herr Kaplan, wos hamm denn Sie für oan?
Kaplan: Erdbeer-Schoko-Nuss-Ananas-Zitrone! Ganz wos feins!
Pfarrer: Und i Sahnekirsch-Vanille-Tiramisu-Banane. Mmhh, also sowos guats! Der Herrgott solls dem Mann vergelten, der des guade Eis gmacht hod! *Blickt verzückt gen Himmel.*

Ein Kind kommt zum Tisch und beobachtet die beiden schleckenden Geistlichen mit großen Augen und offenem Mund.

Pfarrer: No Deandl, wia hoaßt denn nacha du?
Kind: Sarah Reberl!
Kaplan: Aah, die Sarah! Wie die Sarah im Alten Testament!
Kind: Ha?
Pfarrer: Des konns ja no ned wissn, Herr Kaplan! Gehst du scho in d'Schule, Sarah?
Kind: Bist du vielleicht dumm? I geh doch no ned in d'Schule! I bin doch erst vier Jahre alt! *Zeigt mit den Fingern die Zahl 4.* I geh doch erst in den Kindergarten!
Pfarrer: *Lacht gütig.* Da schau her! Du bist die Sarah und gehst in den Kindergarten! Des is aber schön! Weißt du auch, wer wir san? *Deutet auf sich und den schleckenden Kaplan.*
Kind: Ja, de Eisheiligen!

Die gute tschechische Küche

Kare: I hob ja scho einiges ghört vo da guatn tschechischen Küche.
Sepp: I aa.
Kare: Owa i bin a Mensch, i glaub ned alls. I muaß des persönlich derlebn, dann glaubes!
Sepp: Do bin i aa aso!

Kare:	Eben! Und drum war i gestern z'Pilsen! Mit da ganzn Bagasch! I, Wei, Sohn! Dann hammas amol ausprobiert, de tschechische Küche.
Sepp:	Und?
Kare:	I sogdas: Wahnsinn! Ein Gedicht! De Tschechen, de kinnan wirklich kocha! Mensch, war des guat! Do fohrma wieder hi!
Sepp:	Wos habts denn nacha gessn?
Kare:	Zwoa Bigmäc, zwoa Cheeseburger und drei Donuts! Und's Cola Light war aa recht süffig!

Frühlingsgefühle

Unser Familie is ganz und gar aaf Frühling eigstellt!
Mei Frau mocht de Frühlingskur aus da Fernsehzeitung.
Mei Tochter mocht de Frühlingsdiät aus da Tageszeitung.
Und i moch de Frühlingsrolle aus da Gfriertruah.

Urlaubsliebe

Kare:	Wos schausten gor so verdraaht, Sepp?
Sepp:	Kare, i war heier zum ersten Mol in Urlaub in Tschechien. Weil i hobma denkt, jetza, wo de in da EU san, konnma ruhig amol umeschaun.
Kare:	Eben!
Sepp:	Kare, des is ein so ein tolles Land! Ja mi host ghaut, is des ein tolles Land! Also allgemein und überhaupt! I war überoll! Aa ganz im Osten! Und in de Hohe Tatra, do hob i mi sofort verliebt!
Kare:	Eam schau o! Hoffentlich spannt dei Olte nix!

Wachswetter

Sepp:	Ja Kare, wia schaust denn du aus? Du host ja ein drumm Horn am Hirn!
Kare:	Hörma bloß aaf! Des elendige feichte Weda! Alles is so rutschig! Schuld is bloß, weils dauernd rengt! I geh gestern vom Gartnheisl aussa, rutsch aaf dem nassen Holz aus und scho hauts mi hi. Genau mitn Hirn ans Eck vom Komposthaffa!
Sepp:	Oläck!
Kare:	Und bis i schau, wachst mir des drumm Horn am Hirn.
Sepp:	Do segtmas wieder: Wenns im Mai rengt, dann wachst einfach wos!

Wortspiele vor dem Kartenspiel

Kare (Schwarzarbeiter):	I hob heier scho fünf weiße Heiser schworz owagweißt!
Sepp (Ökonom):	Oans is klar: Wenns no lang so trucka bleibt, dann gehts da Landwirtschaft noß eine!
Toni (Übergewichtiger):	Des oane sog i eich: I hob de Schlanken langsam dick!
Rudi (Schafkopfsüchtiger):	Jetza hörts aaf, dassma ofanga kinna!

Am Stammtisch wird es oft, vor allem zu vorgerückter Stunde, hochphilosophisch. Während es meist um banale Dinge des Lebens geht, wenn das Wirtshaus noch gut gefüllt ist, kommt man im vertraulichen Zwiegespräch zu den Kernproblemen des Lebens.

Selbstbeherrschung und Verzicht

Hans: Also Beda, des oane sog i dir scho: Angst kannt oan werdn, wennma an de Zukunft denkt! Angst und Bang! Brrrr! Mi beidlts direkt o, wenn i aso drodenk!

Peter: Des is wohr! Man derf gor ned drodenka, wos des no werdn soll, wenn des aso weidageht! Chaos hoch drei!

Hans: Des is de heitige Jugend! De kennan koan Verzicht nimmer! De wenn wos seng, dann miaßnses glei hobn! Des is ein Wahnsinn! Unseroaner sagt: „Okay, wenns geht, dann gehts und wenns ned geht, dann gehts ned!" Owa de junga Leit san do rigoros! Do wennse heitzudogs a Zwölfjahriger an Computer eibild, dann muaß der her! Der sagt zu seine Leit: „Kafftsma an Computer, sunst wire narrisch!" Aso schauts heit aus! Du wirst als Eltern mit Wahnsinn bedroht! Und wos des Schlimme is: Du wennst dem Krippl koan kaffst, der wird tatsächlich narrisch! Der ziagt des eiskalt durch! Nacha host an Verrucktn im Haus, des is aa nix!

Peter: Verzichten is heit nimmer in!

Hans: Jetza hostas gsagt, Beda! Jetza hostas gsagt! Verzichten is heit nimmer in! Wer verzicht denn heit no aaf wos? A poor Bläde und mir ältern Leit vielleicht, owa de Junga? De lochan bloß! De lochan dir ins Gsicht und denkanse: „Verzicht doch, wennst moanst, Depp, i verzicht ned!" De san krank im Hirn, owa de kennens ned, weils krank san im Hirn.

Peter: Schau her, bloß a Beispiel: Wia i aso a Bursch wor, hod mei Voda zu mir gsagt: „Beda, jetza gehst zum Metzger und holst um a Fuchzgerl a Streichwurscht!" Fuchzg Pfennig wohlgemerkt, ned Cent! Und i hob mi gfreit, weil da Voda gsagt hod „um a Fuchzgerl a Streichwurscht". Verstehst, des wor für mi a direkts Highlight, aso a Streichwurscht! Es hod ja nix gebn, also wos hoaßt nix gebn, es hod scho wos gebn, owa man hod nix kriagt. Und wenn, dann eben für a Fuchzgerl. Und heit, wenn aso Früchterl scho im zwoatn Lehrjohr an 3er BMW fohrt, dem brauchst du mit an Stückerl Streichwurscht gor ned kemma! Der denktse „wos is dei Streichwurscht gega mei Auto"! Da is ja oa Tankfüllung scho a Zentn Streichwurscht!

Hans: Eben! So weit samma scho! Owa wenn amol a schlechte Zeit kimmt, und de kimmt, dann konn der von sein Auto ned obeißn!

Peter: Genau! Owa i vo meiner Streichwurscht!

Hans: Aso schauts aus. Außerdem san de Auto vo de junga Leit eh bloß gleast. Do geht alls aaf Schulden! Weils einfach aaf nix mehr verzichtn kinnan!

Peter: Mir hamma unser Streichwurscht bar zohlt! Obwohls hart wor in da damaligen Zeit! Do wor a Fuchzgerl no a Geld!

Hans: Um a Markl host a Schachtel Zigrettn kriagt!

Peter: Eben!

Hans: Ach, i woaß aa ned, wos des no werdn soll! Es is ja mit de Drogen 's Gleiche. Do sitzns in da Disco drin mit an blädn Schädl vo dera Nägermuse, dann kimmt aso a Haubntaucher daher und gibt ea a Tablettn und anstatt dass sogn „schau, dass'd weidakimmst mit dein Glump", schluckanse's. Keine Selbstbeherrschung!

Peter: Und scho sans süchtig und miaßn am Strich geh!

Hans: Falls weiblich san. Buam überfolln dann meistens a Bank oder erpressn d'Oma. Und worum? Weils koa Selbstbeherrschung ned hamm!

Peter: Do hods natürlich aso a Dealer leicht. Der kimmt daher vo da Ukraine oder Uganda, aaf jeden Fall vom Osten, und denktse: „De deitsche Jugend, de kafft alles, weils koan Verzicht und koa Selbstbeherrschung ned kennt."

Hans:	Und recht hod er! I wenn a Dealer waar, i mochads grod aso!
Peter:	Sowieso! Im Prinzip scheitert unser Gsellschaft nur an dem dodalen Mangel an Verzicht und Selbstbeherrschung. Unser Generation, de woaß no, wos des bedeit! Owa de heitige Jugend? De san ja scho als Embryo verzogn. Am liabstn daadns aus'm Mutterleib a SMS schreim: „Muada, morgen kimm i aaf d'Welt! Richt wos zum Essen her und schalt'n Computer ei!"
Hans:	Noja Beda, jetza glaub i, übertreibstas owa scho a weng. So krass is ja doch ned!
Peter:	Is scho klar! I sogs ja bloß a weng drastisch, dassma segt, wia weit dassma san. Allgemein und überhaupt.
Hans:	Do host allerdings recht. Es gibt keinerlei Schranken mehr!
Peter:	Sogar de vom Bahnübergang hamms abmontiert aus Kostengründen!
Hans:	Des hob i jetza weniger gmoant.
Peter:	Is scho klar. War a Witz!
Hans:	Aso. Owa im Ernst: Es geht doch aa aaf d'Gsundheit vo de junga Leit! Wenn heit oaner jahrelang Drogen nimmt, der is doch aaf Dauer nimmer fit. Der braucht a Medizin. Wos des kost! Und wer zahlt des? Der ned! Mir zahlma des! I hob meiner Lebtag koa Droge ned gnumma und muaß des zahln! Is des no a Gerechtigkeit? Des nimmer!
Peter:	Des bringt uns aaf Dauer um! Do derfst gor ned drüber nochdenka, sunst kimmt dir da heilige Zorn!
Hans:	Woaßt, wos i dir sog, Beda?
Peter:	Naa, wos nacha?
Hans:	Jetza packmas! Morgn in da Friah is d'Nacht vorbei! Es wird Zeit für uns. *Ruft nach dem Wirt:* Schorsch, zahlen!
Wirt:	Bin scho do!
Hans:	Wos sagst jetza du, Schorsch? Is des ned a Kreiz, weil de heitige Jugend keinen Verzicht mehr kennt?
Peter:	Und keine Selbstbeherrschung!
Hans:	Und keine Selbstbeherrschung!
Wirt:	Do habts recht, Manner!

Hans:	Genau! Mir kinnma uns no beherrschen. Mir hamma no a Disziplin glernt! Owa de junga Leit? Vergiß es! Owa wos solls! So Schorsch, wos bine schuldig?
Wirt:	11 Weißbier, vier Obstler, zwoa Schaschlik, a Schweizer Wurstsalat und zwoa Schachteln Zigrettn ...
Hans:	Genau!
Wirt:	Des san 60 Euro und 10 Cent.
Hans:	Schau her Schorsch, des san 60 Euro und zwanzg Cent. Passt scho!
Wirt:	Dankschön Hans! Und bei dir waar's des Gleiche, Beda. Du host bloß anstatt dem Wurstsalat a Sulz, owa des is preislich gleich. 60 Euro und 10 Cent.
Peter:	*Gibt dem Wirt einen Hunderter.* Do Schorsch! Gibstma 40 Euro aussa und dann passt de Sach!
Wirt:	Besten Dank, Peter! Also nacha: Guat Nacht, all zwoa!
Hans:	Servus Schorsch! Werd ned schlechter!
Peter:	*Im Hinausgehen:* I hätt' eigentlich gern no a Holbe trunka.
Hans:	I aa. Owa mir kinnma uns beherrschen!
Peter:	Genau!

Was man sich im jugendlichen Alter von zwanzig oder fünfundzwanzig Jahren überhaupt nicht vorstellen kann, wird irgendwann grausame, aber wahre Tatsache: Es kommt die Zeit, wo man sich mit wachsender Begeisterung über Krankheiten und deren medikamentöse Bekämpfung unterhält! Waren es noch vor wenigen Jahren die Automarke des Kumpels oder die Haarfarbe der Freundin, die einen frohlocken ließen, so ist es nun die Gleitfähigkeit von Dragees und Zäpfchen sowie die spannenden Inhalte der Packungsbeilagen, die uns in Erregung versetzen.

De weißen san de besten!

Kurt: *Das Wirtshaus betretend:* Ja kruzenalln, is des ein Sauweda! Und i Depp hob koan Schirm dabei!
Alfons: Mei liawa, hoffentlich is dir koa Feichtigkeit ned ins Kreiz einegrunna, sunst holt di da Deifl!
Hans: Do hod er recht, Kurt! In unsern Alter wenn da Nierenbereich noß werd, des geht an die Substanz! Do konnst du dir wos holn, des wos di tagelang hunzt! Wenns dumm geht, konnst du di nimmer bucka!
Schore: Des scho, owa i zum Beispiel hob do aso a Salbe, also sowos guats hob i no nie ghabt! Do wennst di eireibst, des wird z'erst so warm, dann brennts a weng und dann, zack, is da Schmerz weg und du konnst di wieder bucka. Also i, i schwör aaf de Salbe! De hoaßt „Bromolot" oder so ähnlich.
Hans: Bromolot? Des hob i no nie ghört!
Alfons: I aa ned. Bromolot? Sagt mir gar nix.
Schore: Also i hätt jetza scho gmoant, dass de „Bromolot" hoaßt.
Kurt: I hob aa wos zum eireibn dahoam, aa aso a Salbe. De is unsichtbar.
Hans: Unsichtbar?
Kurt: Naa, ned direkt unsichtbar, durchsichtig holt, und de hoaßt meines Wissens „Cruxonil". Moanst du vielleicht de, Schore?
Schore: Naa, also Cruxonil hoaßts gwies ned, dann scho eher „Molobrom". Obwohl ..., aso hoaßts aa ned. Hm...

Alfons:	Dann vielleicht doch Cruxonil? Eventuell aa Crixunol!
Schore:	Naa, aa ned!
Alfons:	Oder Croxinul?
Schore:	Naa, de hoaßt anders. Außerdem is mei Salbe ned unsichtbar, sondern weiß!
Hans:	I sogs ganz ehrlich: I halt vo dera Eireiberei vo Haus aus nix! Der Schmerz kommt von innen aussa! Do hilfts überhaupt nix, wennma außen umanandschmiert. Wos vo innen kimmt, muaß aa vo innen bekämpft werdn! Wennst du in da Küch Kakerlaken host, dann schmeißt ja's Insektengift aa ned in Gartn ausse, oder?
Kurt:	So gseng host recht, Hans!
Hans:	Eben! I hob für solche Fälle Tablettn! Erst vor vier Wochen wars: I heb mein Wei aso an Terrakotta-Topf in Kofferraum eine, an hübsch an schwaarn, zack, hods hintn bei mir scho gschnalzt!
Kurt:	Ach du Schande! Bist ebba beim Heben ned in d'Knia ganga, ha?
Hans:	Des ned!
Kurt:	Des is des! Wennma beim Heben ned in d'Knia geht, dann is d'Bandscheibn in Lebensgefahr! Dann schnalzt's leicht amol!
Alfons:	Weils allaweil aso a Glump kaffan, de Weiber! I wenn des Terrakotta-Zeig scho seg! Bleischwaar und im Winter, beim ersten Frost, zreisstses. Mir wennst ned gangst! Glump, elendigs!
Hans:	Aaf jeden Fall hob i einen Schmerz ghabt, des kinnts eich ihr nicht vorstelln! So oberhalb vom Orsch, mittig in etwa. I bin normal ned empfindlich, owa i hob gsagt: „Erna, i glaub, i hob mir wos verrissn! I brauch an Schnaps!" I bin hinterm Kofferraum gstandn wia ein Fragezeichen. D'Leit hamm scho gschaut! Oaner fragt mi doch tatsächlich, ob i an Herzinfarkt hob! Hob i gsagt: „Guada Mo! Hamm Sie vielleicht Eahner Herz oberhalb vom Orsch, mittig?" Nacha isa ganga, der Blädl.
Alfons:	Mir kaam so ein Terrakotta-Glump nicht ins Haus! I daad sogn: „Der Topf oder i!" Ja, wo kaamerten mir denn do hi!

Schore:	Jetza isma wieder eigfolln: „Lomobrom" hoaßt mei Salbe!
Kurt:	Des hob i aa no ned ghört?
Schore:	Oder „Mobrolot"! Hod des eventuell scho oaner ghört?
Kurt:	Naa!
Schore:	Hm...
Hans:	Ja, dass i weitererzähl: I bin dann mit Ach und Krach ins Auto einekemma und mei Wei hod mi hoamgfohrn.
Alfons:	Und der Terrakotta-Topf?
Hans:	Der war im Kofferraum. Dem hod nix gfaahlt. Der war intakt! So, dann kemma hoam, i geh wia ein achtzigjähriger Mo ins Haus eine, direkt so abknickt in da Mitt, nimm zwoa vo meine Schmerztablettn und kaum eine holwe Stund später konn i wieder renna wie ein Junger! Jetza kimmst du!
Kurt:	Des derf doch ned wahr sei!
Hans:	Wenn i eichs sog! Also i, i schwör aaf de Tablettn! Aa bei Kopfschmerz! Mei Wei nimmts zum Beispiel gega Regelbeschwerden! De san für alls!
Schore:	Und den Schnaps? Du host doch zum Wei gsagt, du brauchst einen Schnaps.
Hans:	Mit dem hob i de Tablettn owegschwoabt. An doppelten Bluatwurz! Der is ja im Prinzip aa a Medizin, weil er desinfiziert!
Schore:	Des stimmt! Eine Bluatvergiftung kriagst du mit dem ned!
Kurt:	Drum hoaßta ja Bluatwurz!
Hans:	Eben!
Alfons:	Wia hoaßn nacha de Tablettn, de wosma für alls nehma konn?
Hans:	Hm..., glaubst, dass mir des jetza nicht eifollt! „Vexodorin" oder „Malizedom" oder so ähnlich. Owa nagelts mi ned fest, i konns ned genau sogn. Aaf jeden Fall sans weiß und ungefähr so groß wia a Pfennig, circa.
Kurt:	Owa Pfennig gibts ja nimmer!
Hans:	Des is doch wurscht! Dann sans holt ungefähr so groß wia a Cent!
Kurt:	Okay! Des lass i mir eigeh!

Alfons:	Du Hans, versteh mi ned falsch, owa wenn de Tablettn dermaßen gega Schmerz wirken, so schnell und so guat, dann hamms in der Regel gewaltige Nebenwirkungen!
Hans:	Do muaßt mei Frau frogn. Wia gsagt, de nimmts in da Regel.
Alfons:	Naa, de Regel moan i ned! I moan des allgemein. De Nebenwirkungen an sich!
Hans:	Achso! De Nebenwirkungen an sich! Also i, i kenn nix! Obwohl, wos do aaf da Packungsbeilage steht, des is ganz schee hirt! Vo Magenkrämpfe bis Impotenz is alls dabei!
Schore:	Und?
Hans:	Wos und? I kenn nix! Im Mogn ned und aso sowieso ned!
Kurt:	Aaf de Packungsbeilagen derfst ja sowieso ned geh! Weil de wennst lest, do kimmt dir's nackte Grausen! Schauts her, bloß a Beispiel: I hob unlängst an Abszess im linken Ohrn ghabt ...
Alfons:	Auwehzwick! Des duat sakrisch weh, ha?
Kurt:	Frage nicht! I hob in mein Leben zwoamol gwoant: Oamol, wia da Großvoda gstorm is und i hob nix g'irbt und oamol beim Abszess! I hob gmoant, mir zreisst mein Schädl! Owa abgseng davon: Da Doktor hod mir Schmerztablettn verschriebn, i hols vo da Apothekn, les de Packungsbeilage und sog zu meiner Theres: „Also, mei Ohrwaschl, des bringt mi eventuell um, owa de Tablettn gwies!" Hä, do san Nebenwirkungen dringstandn, sowos brutals hob i no nie glesn! Horror direkt!
Hans:	Wos nacha zum Beispiel?
Schore:	Ja, erzähl!
Kurt:	Also, fangma mit de harmlosen o: Herzrasen, kalter Schweiß, Dreh-, Fall- und Druckschwindel, Übelkeit, harter Stuhl...
Alfons:	Ja mi läckst!
Kurt:	Des san no eher de positiven Folgen! De brutaln kemma erst. Jetza passts aaf: „Gelegentlich können auch Magen- und Nierenblutungen auftreten, was Blut im Urin zur Folge haben kann!"
Hans:	Ja um Gottes Willen!

Schore:	Also, wenn i mir vorstell, i biesl aso dahi und schau rein zufällig owe und es kimmt rot, do waars bei mir aus! I kannt nimmer vor lauter Schock!
Alfons:	I aa!
Kurt:	Es geht no weiter! „In extrem vereinzelten Fällen wurden auch schon Sehstörungen, Niedergeschlagenheit und Juckreiz beobachtet!" Kinnts eich ihr des vorstelln? Sowos verschreibt in da heitigen Zeit a Doktor! Do studierns jahrelang und dann verschreibns an so an Zeig!
Alfons:	Und kriagn no Bafög!
Hans:	Ja guat, owa es hoaßt ja aaf da Packungsbeilage „in extrem vereinzelten Fällen"!
Kurt:	Des scho. Owa des hilft mir aa nix, wenn akkrat i der vereinzelte Fall bin, der wos den Juckreiz hod! I war nervlich so weit, dass i zum Doktor ganga bin und hob Klartext mit eam gred. „Herr Doktor", hob i gsagt, „oans sog Eahna scho: Wenn de Tablettn ned helfa, dann miaßnsma andere verschreibn!" Owa se hamm dann doch gholfa.
Schore:	Und keine Nebenwirkungen?
Kurt:	Also Sehstörungen und Herzrasen hob i ned ghabt. Und beim Bieseln hob i vorsichtshalber de letzn Dog ned owegschaut. Guat, mei links Ohrn hod a weng gjuckt, owa des war aso a Art Heiljucken. Im Prinzip is guat ausganga, de Sach. Owa i sog bloß, wos für Nebenwirkungen dass es überhaupt gibt!
Alfons:	Wia hamm nacha de Tablettn ghoaßn?
Kurt:	Mei, des woaß i nimmer. I glaub, mit „A" sans oganga. „Matrix" oder so ähnlich. Aaf jeden Fall warns ned rund, sondern so länglich. Und weiß!
Schore:	De weißen san ned schlecht! Amol ganz wos anders: I hob in letzter Zeit allaweil an so an rauha Hols. Wos kannt des bloß sei?
Hans:	Des kimmt eindeutig vom Raucha!
Schore:	Owa i rauch doch gor ned!
Hans:	Du ned, owa i und da Alfons! Und du sitzt oft stundenlang neba uns am Stammtisch und schnaufst. Do brauchst di ned wundern, wenn da Hols amol rauh wird.

	Do bist scho selber schuld! Schnauf halt ned immer so fest!
Schore:	Ja guat, do host aa wieder recht. Wisserst a Mittel gega an rauha Hols? Du als Raucher wirst doch do aa öfter Probleme hom, oder?
Hans:	Sowieso! I bring manchmal kaam a Wort aussa, aso kratzt mi mei Krogn. Aber: Ich sage nur „Rigulin"!
Schore:	Rigulin?
Hans:	Rigulin!
Alfons:	Des kenn i aa! Des san so rote Kapseln, de san gega Hals- und Schluckbeschwerden. De san nicht schlecht.
Kurt:	Also Schluckbeschwerden host ja du ned! Weil wos du wegschluckst, des is nimmer normal! Hähähä!
Alfons:	Blädl! Naa, im Ernst, i nimms gern, weils helfa und weils geschmacklich ned schlecht san. So ingwermäßig oder Mango oder wia des hoaßt.
Hans:	Also i daad sogn, mehr in Richtung Zitrone.
Alfons:	Konn aa sei. Aaf jeden Fall schmeckts ned schlecht.
Kurt:	Und de san rot, de Kapseln?
Hans:	Ja, so blaßrot. Also, koa aggressivs Rot, mehr so blaß holt.
Kurt:	So Lachs in etwa?
Hans:	Ja, ungefähr.
Schore:	Obwohl ja i de Erfahrung gmocht hob, dass de weißen Tablettn de besten san. Des Farbige, des is alles bloß zwecks da Schau. Weil das Auge ißt mit! Drum daans a Farb eine, dass des Ganze appetitlicher ausschaut. De Farb bringt für de Heilung gar nix!
Kurt:	Des stimmt! Also mir san ja de weißen de liabsten!
Alfons:	Mir aa! I sog eich des oane: Wenn i einen Schmerz hätt und mir daad oaner a rote und a weiße Tablettn hilegn: Ich daad de weiße nehma! Ohne Zögern!
Hans:	I aa! Do gehts mir bei de Tablettn grod aso wia beim Leberkaas! Prost!
Kurt:	Prost! Hauptsach gsund samma!
Alfons:	*Während er sich eine Zigarette anzündet:* Prosit! Schore, obacht, schnauf ned so fest, sunst duad dir da Hols wieder weh! I moans dir bloß guat!
Schore:	Danke, Alfons! I werd mi bemühn! Prost!

Der Frischluftfan

Sepp: Griaß eich midananda! Aahh, is des heit eine frische Luft draußn! Do duat aso a Spaziergang richtig guat! Do konnma wieder amol so richtig durchschnaufa!
Kare: Ja wos? Bist du vielleicht z'Fuaß zum Frühschoppen ganga?
Sepp: No freilich! Gibt nix Gsünders!
Fonse: Spinnst du jetza dodal?
Sepp: Ihr kinnts eich gor ned vorstelln, wos des für ein Gfühl is! Wennma so frei atmen konn in da Morgenluft! Aahh! *Schnauft genußvoll.* Wunderbar! Also i, i kimm jetza vier Wocha z'Fuaß zum Frühschoppen und genieß de frische Luft! Des ziag i jetza amol durch! Und zum Dämmerschoppen kimm i aa z'Fuaß! Vier Wocha! De Abendluft is bestimmt grod so gsund!
Erwin: Vier Wocha? Und dann?
Sepp: Dann kriag i mein Führerschein wieder!

Ungenießbar

Sepp: Du Kare, eine Frage: Wos haust du normal am Grill auffe?
Kare: Noja, wosma holt aso auffehaut: A Wammerl, Brodwürscht, a Steak!
Sepp: Genau! Owa woaßt wos, Kare: Mei Wei, de hod a Bekannte, de is a weng seltsam, i glaub sogar, dass des a Grüne is, zumindest vo da Tendenz her.
Kare: Ach du Schreck!
Sepp: Jamei, es hilft nix. Du konnst heitzudogs einer Frau den Umgang nicht verbieten, aa wennst mit ihr verheirat bist. Aaf jeden Fall sagt de Bekannte, dassma ned bloß a Fleisch und Würscht, sondern aa Zucchini, Tomaten und Auberginen grillen konn! Sogar Bananen! Glaubst du des?
Kare: Des mog scho sei, dassma des grilln konn. Owa essn konnmas ned!

Opfermut

Das Kind an sich is ja heitzudogs ziemlich verwöhnt. Zumindest de, de wos i kenn. Owa wenns sei muaß, dann kinnan aa de heitigen Kinder no Opfer bringa. Zum Beispiel, wenns unbedingt wos hobn wolln. Wia dem Kare sei Tochter, de Britney-Annelies. De hod acht Wocha freiwillig abgspült, dass a Handy kriagt! Oder unser Sohn: Für an DVD-Player hod der drei Monat lang den Abfall owetrogn! Owa des allergrößte Opfer, des daad da Sohn vom Erwin bringa. Der hod am 10. Juli gsagt: „I wollt, i waar a Preiß! Dann hätt' i jetza scho Ferien!"

Kulturgespräch am Stammtisch

Wirt:	Jetza gengans wieder o, de Festspiele! Wo du hischaust, is a Festspiel! Du konnst ja kaam 10 Kilometer fohrn, ohne dass irgendwo oaner in an historischen Kostüm umanandasteht. Sogar in Untergrunzing hamms heier a Festspiel. Irgendwos übers Boxen!
Kare:	Ach, ums Boxen gehts do! Drum hoaßt des „Faust"!
Wirt:	Genau!
Preuße:	Ich mag ja die Festpiele hier, weil oft eine Komik dabei ist!
Lehrer:	Und i mogs, weil oft a Tragik dabei is!
Erwin:	Und i mogs, weil oft a Heimatgeschichte dabei is!
Kare:	Und i mogs, weil immer a Bierzelt dabei is!

Himmlisch

Sepperl: Alise, woaßt wos? Mei Onkel, des is fei a Pfarrer! Der hod a Pfarrei! Du Alise, wenn der ins Wirtshaus einekimmt, dann sogn alle Leit: „Oh, Hochwürden!"

Aloiserl: Des is gor nix! Mei Onkel is a Metzger! Der hod drei Zentner! Wenn der ins Wirtshaus einekimmt, sogn alle Leit: „Oh Gott!"

Fluch der Technik

Oma: Mei liawa Erna, jetza derfst owa wos unternehma mit dein Buam! Do konnst du als Mutter nimmer zuaschaun, wias mit dem Fonse geistig bergab geht!

Mama: Ja wia kimmst denn aaf des?

Oma: No, weil er jetza sogar's Stottern ofangt wega dem blädn Computer!

Mama: 's Stottern?

Oma: Ja! Gestern hockt er wieder vor dera Kistn und schaut eine. I frog, wos er do mocht, sagt er, er schautse im Internet wos o. Nacha frogen, wos er oschaut, sagt er: „We we we Wetter.de!"

Fahrerei

Sepp: Glaubstas, gestern waar i bold narrisch wordn! I fohr aaf da B 85 vo Amberg Richtung Cham: Ein Laster hinter dem andern! Ein Wahnsinn! Laster, soweit das Auge reicht! Oaner langsamer wia da ander! Aus aller Herren Länder: Türkei, Slowakei, Mongolei!

Kare: Und wo san de allerlangsamsten herkemma?

Sepp: Molkerei!

Alkoholfolgen

Kare: Du Sepp, des is direkt ein Phänomen!
Sepp: Wos is a Phänomen?
Kare: Des mit da Bedienung! Mit da Schönheit!
Sepp: Wos für a Bedienung? Wos für a Schönheit?
Kare: Also folgendermaßen: I war gestern aaf dem Sommerfest vom Obst- und Gartenbauverein, do wo de Radieserlkönigin gwählt wordn is. Bringt mir d'Bedienung de erste Holbe, stellts hi, i schau de Bedienung o und denk mir insgeheim: „Ja kruzenäsn, is des eine greisliche Bedienung!"
Sepp: Ja und? Des konn vorkemma! Des is doch koa Phänomen!
Kare: Is scho klar! Owa jetza pass aaf! Noch da drittn Holbe schau i de Bedienung wieder o und denkma: „Also, sooo greislich is aa wieder ned!"
Sepp: Noch da drittn Holbe?
Kare: Genau! Des war umara neine. Owa jetza kimmt da Hammer: Umara elfe, also praktisch circa fünf Holbe später, bringt sie mir einen Schnaps. Und wia sie den Schnaps aso herstellt, schau i sie wieder o. Und do denk i mir: „Mensch, is des ein saubers Weiberts! Dass i des vorher ned gspannt hob!" Du Sepp, de wenn gsagt hätt, dass wos gang, i hätt mi nimmer bremsn kinna, aso hod mir de gfolln! Jetza frog i di: An wos liegt des, dass de mir um achte überhaupt ned gfolln hod und um elfe dermaßen?
Sepp: Des is doch logisch! Des liegt am Alkohol, dass de immer scheena wordn is!
Kare: Des glaub i ned. Weil de hod nämlich überhaupt nix trunka!

Gespräch im Ehebett

Er: Du, woaßt wos?
Sie: Wos denn?
Er: Eigentlich kannt unser Schlafzimmer farblich ruhig a weng bunter ausschaun! Des daad a weng a Stimmung einabringa, a weng a Leben.
Sie: Wie moanst jetza des, bunter?
Er: Noja, zum Beispiel de Wänd und de Deck. I moan, des Weiß, des dodal weiße Weiß, des is aaf Dauer direkt a weng langweilig. A poor rote Tupfer zum Beispiel, de waarn eventuell ganz nett.
Sie: Nix do! Wennst scho de ganze Nacht Muckn derschlagst, dann wischst aa gfälligst de Bluatfleck weg!
Er: Ja guat, i hob ja bloß gmoant.

Kostspielige Jahreszeiten

Sepp: Glaubstas, mir graust scho wieder vorm Hirgst und vorm Winter! De wern mir wieder gscheit deier kemma!
Kare: Wega'n Heizöl?
Sepp: Naa, wega'n Telefon!
Kare: Ha? Worum Telefon?
Sepp: Weil, de drei Stund, de wos mei Wei im Summa jedn Dog mit da Nachbarin am Gortnzaun ratscht, des muaß jetza dann telefonisch erledigen!

Der Schulanfang

Wurzer: Omei, Frau Fischl, es is a Kreiz! Morgen geht d'Schul wieder o! Mir grausts jedes Mal, wenn de großn Ferien aus san! Jedes Mal grausts mir do!
Fischl: Ja, wia des?
Wurzer: Wega dem Zirkus mit mein Buam! Glaubns, der geht dermaßen ungern in d'Schul! Mir duat des direkt seelisch weh, wenn er dann immer woant und jammert und sagt: „Mama, i mog ned in d'Schul geh! De san alle so böse zu mir! Bitte lassme im Bett liegn und ruaf o und sog, dass i Grippe hob oder Durchfall! Bittebittebitte!" Und dann schaut er aso, so flehentlich! Wissns, als Mutter duad des gscheit weh!
Fischl: Des glaub i Eahna, Frau Wurzer, do leidet man direkt mit!
Wurzer: Owa ehrlich! Owa mei, es hilft ja nix. I sog dann immer: „Joachim, des geht ned! Du muaßt in d'Schul geh! Stell dir vor, jeder daad sogn, er hod Grippe oder Durchfall, dann waar de ganze Schul laar! Des geht einfach ned!"
Fischl: Ja eben! Des geht einfach ned!
Wurzer: Und außerdem sog eam immer wieder: „Joachim, dann hättst holt koa Lehrer werdn derfa!"
Fischl: Genau!

Die deutschen Mittelgebirge

Mit de ewigen politischen Diskussionen im Fernseh wern de Kinder no ganz narrisch! Mei Bua hod in Erdkunde a Ex gschriebn, do hods ghoaßn: „Nenne vier deutsche Mittelgebirge!" Nacha hod er gschriebn: Schwarzwald, Bayerischer Wald, Westerwald und Harz IV.

Die falsche Tracht

Sepp: Oans steht fest: Aafs Oktoberfest geh i nimmer! Do konn higeh, wer mog, i nimmer!
Kare: Wia des?
Sepp: Weil de mir's Kraut ausgschütt hamm! Owa dodal! Do trinkst du schee staad deine zwoa, fünf Maß und wirst a weng gmiatlich, dann hamm de kein Verständnis für deine Gmiatlichkeit!
Kare: A geh!
Sepp: Wenn i dirs sog! I sitz aso do, bester Stimmung, wos noch vier Maß und einem Gyros mit Tsasiki und Krautsolod normal is. Als Nachspeis hob i an Obatzn mit Zwiefl gessn. Dann sitzt do neba mir a scheens Deandl, denk i mir: „Mochst ihr eine Freid und gibst ihr a unvermutets Busserl!" Und zack, hob ihr oans affebrennt, dass gschnalzt hod!
Kare: A Hund bist scho, Sepp!
Sepp: Von wegen! Hod de einen Freind dabei, den wos i momentan direkt übersehn hob, circa zwoa Meter in da Läng war der, also ned direkt kloa! Und anstatt dass er sagt „Respekt, Herr Nachbar!", haut der mir eine gscheide Tracht Prügel owa!
Kare: Jamei, mit dem muaßt owa am Oktoberfest rechnen! Weil in da Zeitung is gstandn: „Eine gscheide Tracht ist auf der Wiesn Pflicht!"

Die historische Frage

Sepp: Du Kare, hostas glesn in da Zeitung? In Niederbayern hamms a männliches Skelett gfundn!

Kare: Ja und? Do konn doch i nix dafür! I hobna ned umbracht!

Sepp: Naa, koa Mordopfer! Des war a historisches Skelett! Des is ungefähr 4000 Johr olt, hamms festgstellt.

Kare: Des is mir aa wurscht!

Sepp: Also mi fasziniert des fei scho! Stell dir des amol vor: Des is a Niederbayer, der vor 4000 Johr glebt hod! Des is doch ein Wahnsinn!

Kare: Worum is des a Wahnsinn? Des is doch a ganz a normale Sach: Z'erst hoda glebt und dann isa gstorm. Des war vor 4000 Johr aa ned anders wia heit!

Sepp: Ja, owa trotzdem! Des is doch, des is doch ..., hochinteressant is des doch! Der hod Bayern gseng, wias vor 4000 Johrn war. Des fasziniert mi dodal! Stell dir vor, der kannt aafsteh und daad Bayern seng, wias jetza is! Mei, wos daad der sogn?

Kare: Wahrscheinlich daad er sogn: „Ja mi host ghaut! Is allaweil no d'CSU dran?"

Gespräch unter Frauen

Huber: Ja grüß Gott, Frau Seiferl! Wia gehts denn allaweil?

Seiferl: Mei, man lebt!

Huber: Und der Gatte?

Seiferl: Dem gehts guat! Mei, er lebt ja aa sehr gsund! Er raucht ned, er trinkt ned, er schaut koane andern Frauen o. Und er ißt alle Dog sei Obst und nimmt sei Vitamintablettn. Und jetza, bei dem feichtn Wetter, do tragt er natürlich sei Angora-Unterwäsch, dass er sich ned verkühlt. Es is ja aa wega seiner Bandscheim! Immerhin is er aa scho 41!

Huber: A geh!

Seiferl:	Jaja. Er is ja eine Seele von einem Mann, mei Eberhard! Er putzt, er bügelt, er spült ab, er kafft ei. Also wirklich, i kannt mi überhaupt ned beschwern. Er is ein feiner Mann! Do konn i scho froh sei, dass i eam hob, mein Eberhard!
Huber:	Mei, des konnma aso und aso segn. I sog allaweil: „Ein Mann is wie ein Leberkaas!"
Seiferl:	Wie ein Leberkaas? Wia moanas jetza des?
Huber:	A feiner is wos Guats, owa ab und zu waar a grober aa ned schlecht!

Es herbstelt

Gestern hob i im Supermarkt de erstn Nikoläuse gseng. Und heit is da Frühjahr/Sommer-Katalog für naxts Johr kemma. Des san de zwoa sichern Zeichen, dass jetza langsam da Hirgst kimmt.

Das Eingemachte

Unser Oma macht ja alles ei: Äpfel, Birnen, Zwetschgen, Kirschen, alles. Eimocha is ihrer Leidenschaft. Do pappts dann an Zettel aafs Einmachglasl und do steht drauf: „Birnen von heuer". Sie sagt, wos Eigmochts is wos ganz wos guats. Und gsund! Wer den ganzen Winter wos Eigmochts ißt, der wird normal ned krank. Höchstens amol an Durchfall, wenn er zuviel eigmochte Zwetschgen dawischt. Owa insgesamt is wos Eigmochts a direkte Medizin. Sogar de Leistungssportler san bloß so fit, weils wos Eigmochts essn!
„Oma, wia kimmst denn do drauf?", howes gfragt.
„Des hob i am Fernseh gseng, in da Sportschau", hods gsagt, „do hod da Fußballtrainer gsagt: ‚Jetzt haben wir viermal hintereinander verloren. Das bedeutet, ab heute geht es ans Eingemachte!'"

Die Ehe

Sepp: Hostas glesn in da Zeitung? Die Zahl der Eheschließungen is scho wieder um acht Prozent gsunka! Ja sog amol, wo soll denn des no hiführn? Es is a Kreiz mit de junga Leit heitzudogs, weil de vo da Ehe nix mehr holtn! Do hoaßts „Heiraten? Nein danke!" Aso schauts aus! De heiraten dodal ungern! De Ehestand bedeit denen gar nix!

Kare: Also des kannt i jetza ned sogn. Mei Tochter zum Beispiel, de is erst 25 und de holt viel vom Ehestand. De heirat nämlich in zwoa Wocha. Und zwar scho's dritte Mol!

Das Weichei

Kare: Du Sepp, ganz im Vertrauen, sogs ned weida, owa unser Nachbar, der is ein dodales Weichei! Kein echter Mo! Des is direkt peinlich, wos des für ein Waschlappen is!

Sepp: Ehrlich? Wia kimmst denn do drauf?

Kare: Stell dir vor: Steht der ned gestern im Gartn und hängt d'Wäsch aaf! Als Mo hängt der d'Wäsch aaf! Schaama daad i mi! Zehn Minuten steht der im Gartn und hängt d'Wäsch aaf! I hobs genau gseng durchs Küchenfenster, wia i abgspült hob.

Wachstum

Enkel: Lus Oma, wos in da Zeitung steht: In Deitschland wird für naxts Johr bloß ein Wachstum von 1,0 Prozent erwartet. Des is einfach z'weng!

Oma: Oa Prozent Wachstum? Des glangt! D'Leit san ja eh scho so groß!

Wirtshauslogik

Kare: Manner, i sog eich oans: Jedes Mol, wenn mi im Winter friert, dann trink i sofort einen Rum mit Tee, und siehe da: I hob scho seit fünf Johrn koa Grippe mehr!

Sepp: Und bei mir is aso: Jedes Mol, wenn i a ganz a fetts Essn iß, dann trink i sofort einen Magenbitter, und siehe da: I hob scho seit drei Johrn koa Bauchweh mehr!

Fonse: Bei mir is aso: Jedes Mol, wenn mi dürscht, trink i sofort a Weißbier, und siehe da: I hob scho seit acht Monaten koan Führerschein mehr!

Die Weihnachtsgans

Kare: Also mit dem fetten Essen, do muaß i unheimlich aafpassn!

Sepp: Wem sagst du das! Bei uns gibts alle Johr am Heiligen Abend a Gans. A richtig fette Gans! Und do muaß i aa unheimlich aafpassn!

Kare: Dass dei Cholesterin ned steigt!

Sepp: Naa, dass i's größte Trumm Fleisch dawisch!

Gespräch an Neujahr

Hinz: Guat Morgn, Herr Nachbar! A guats neis Johr!
Kunz: Gleichfalls! Gsund bleibn, des is's Wichtigste! Und songs da Frau aa scheene Griass, gell!
Hinz: I richts aus. Und? Wia hamms Silvester gfeiert gestern?
Kunz: Eigentlich ganz normal.
Hinz: Sans ned beim Essen gwesn?
Kunz: Um Gottes Willn, bloß des ned! An Silvester, do gehts allaweil dermaßen zua! I mog den Trubel einfach ned. Und dann de ewige Fresserei! Des is wos für de junga Leit, de vertrogn des no. Owa unseroaner mit 45 Johr muaß do scho aafpassn, weil da Mogn wird mit'n Alter sensibler. In Situationen, wo i früher vielleicht a Kopperl gmacht hob, isma heit glei schlecht.
Hinz: Do hamms recht! Des kenn i! Is ja mit da Leber grod aso! I sog Eahna oans: Kaam trink i amol siem, acht Holwe und a poor Schnaps, drucktsme scho aaf da rechtn Seitn. Des is eindeutig d'Leber! Des hätts früher ned gebn. Do hob i trinka kinna, bis mi nimmer dürscht hod. Es is a Kreiz!
Kunz: Des scho, owa wennma älter wird, des hod aa seine guatn Seitn. Schauns her, als junger Mo isma in d'Disco grennt, dassma oane kriagt und noch vier Stund bläd schaun hodma no koane ghabt. I hobma oft denkt, i kriag nie oane. Jetza brauch i in koa Disco mehr renna, weil i hob oane dahoam. A Wei, koa Disco!
Hinz: Des stimmt! Wosma hod, des hodma! Und oans sog i Eahna aa: Wos hilft denn de ganze Schönheit von an Wei, wenns di ned mog? An Dreg hilfts dir! Grod an so an Dog wia Silvester, do bist froh, wenn ebba do is, der di mog. Is ned aso?
Kunz: Genau! Wobei jetza Eahna Frau ned direkt unsauber is. I daad sogn, es gibt greislichere.
Hinz: Des scho, owa es gäbe natürlich aa scheenere. Obwohl, samma zfriedn! Und? Wos habts nacha gestern gmacht dahoam?

Kunz:	Ganz gmiatlich wars. Weil wia gsagt, der Trubel und de ewige Fresserei in de Wirtsheiser is nix für uns. Mir hamma uns umara sieme von Griechen a Poseidon-Platte für drei Personen gholt.
Hinz:	Für drei? Habts an Bsuach ghabt?
Kunz:	Naa, warma bloß mir zwoa. Owa i hobma denkt, nehma a Plattn für drei, dass gwies glangt. Weil de Griechen kochan normal ned grod üppig, des is bekannt. Drum sans ja meistens recht schlank.
Hinz:	Do hamms recht! Man segts ja an dem Costa Cordalis. Zaudirr is der, obwohl er vom Alter her scho locker a Wampn hom kannt.
Kunz:	Eben! Und als Vorspeis hamma uns an griechischen Bauernsalat bstellt mit Schofskaas und Oliven. Nicht schlecht!
Hinz:	Und gsund!
Kunz:	Des sowieso. Als Nachspeis hod mei Frau an kloan Eisbecher gmocht, so sechs Kugeln pro Person und dann no aso a Karamelsoß mit Schoko-Erdbeer-Geschmack oder so ähnlich. Aaf jeden Fall wars mit Sahne. War zwar bloß a Kleinigkeit, owa recht guat.
Hinz:	Des glaub i. Hamms nacha Fernseh aa gschaut?
Kunz:	Jaja! An Silvester kemman ja allaweil ganz guate Sachen! I hob mir de Jahreshitparade der Volksmusik ogschaut.
Hinz:	Mit'n Florian Silbereisen?
Kunz:	Naa, mit meiner Frau! Noja, und wiama aso schaun, hamma direkt Appetit aaf wos herzhafts kriagt. Nacha hamma uns a Packung Chips aafgmocht und so Kräcker mit Käse. Und dass da Mogn ned übersäuert, a poor Geleebananen.
Hinz:	De iß i aa recht gern! Wo san nacha eigentlich Ihre Kinder gwen gestern?
Kunz:	De warn alle zwoa beiana Silvesterparty von an Schulkameraden. Der hoaßt Sifar oder Safir oder so ähnlich.
Hinz:	A geh!
Kunz:	Jaja. Do sans über Nacht bliebn und i hols dann heit zum Mittagessen wieder ab. I hob gsagt: „Do habts 20 Euro, de gebts dem Sifar oder wia er hoaßt für seine Unkosten!" Weil wissns, i mog des ned, wenn meine Kinder irgendwo

	schmarotzen! Und außerdem is der Sifar oder wia er hoaßt, scheinbar eh a armer Deifl. Er hod ned amol des Geld für Zigrettn!
Hinz:	Ned amol des?
Kunz:	Ned amol des! Mei Bua sagt, der raucht Gras!
Hinz:	Es is zum Derbarma, wia armselig manche Kinder aafwochs miaßn!
Kunz:	Owa ehrlich! Und drum hob i gsagt zu meine Kinder: „Gebts eam de 20 Euro, dann gfreitase!" Mit dem Gras raucha konn er sich doch wer woaß wos holn! Wennma bedenkt, wos heitzudogs alles aaf de Wiesen draafghaut wird: Gülle, Klärschlamm, und des is dann alles im Gras drin! Do is a normale Zigrettn deutlich gsünder!
Hinz:	Des daad i aa sogn! Wia olt san jetza eahnane Kinder?
Kunz:	Da Bua wird 14 und d'Tochter wird 17!
Hinz:	Mei, wia de Zeit vergeht! I woaß no, wia der Bua allaweil mit sein Dreiradl hin und her gfohrn is!
Kunz:	Jaja! Das war einmal! Jetza hod er scho a poor Hoor aaf da Brust! Nix mehr Dreiradl!
Hinz:	Do schau her! Daadn eam ebba d'Deandln aa scho gfolln?
Kunz:	Omei, hörns bloß aaf! Vor a poor Dog schaut mei Frau rein zufällig in de SMS eine, de wos er kriagt hod und lest folgendes: „Du hast einen geilen Arsch! Willst du mit mir gehen? Gruß Nicki!" Und des mit 13!
Hinz:	Wahnsinn? Und des hod eam a Deandl gschriebn?
Kunz:	Ja hoffentlich!
Hinz:	Do hamms aa wieder recht! Mensch, de Kinder san heitzudogs scho um Jahre weida! Mir hätt mit 13 niemals a Deandl a SMS gschriebn, dass i an geilen Arsch hob. Und wenn, dann hättes ned lesn kinna, weil i koa Handy ghabt hob.
Kunz:	So gseng warma mir relativ oaschichtig. Owa mei, die Zeiten ändern sich! Aaf jeden Fall is der Silvester gestern insgesamt ned guat ausganga, weil es hod no an Zwischenfall gebn.
Hinz:	Wia des?
Kunz:	Also, mei Frau und i hamma dann noch den Chips und de Geleebananen direkt a weng a Bewegung braucht.

	Und drum hamma gsagt: „Gemma vor da Gulaschsuppn no a weng spaziern!" I hob ja sowieso a frische Luft fürs Hirn braucht, weil noch dera Volksmusiksendung war aso a deitscher Krimi do, do host du bis zum Schluß ned gwisst, wer eigentlich da Mörder is. Wenne ehrlich bin: I woaß's heit no ned!
Hinz:	Des is typisch für an deitschn Film! Do woaßt nie genau, um wos dass eigentlich geht. Do san de amerikanischen besser! Do is da Inspektor allaweil a Junggsell und aaf d'Letzt wernd sicherheitshalber alle daschossn, weil dann is da Mörder höchstwahrscheinlich aa dabei.
Kunz:	Genau! Aaf jeden Fall samma mei Frau und i dann spaziernganga. Und weils scho holwe zwölfe war, hob i vorsichtshalber meine Chinaböller mitgnumma und a Feierzeig, dass i wos zum Scheppern hob, falls wir um zwölfe no unterwegs waarn.
Hinz:	Chinaböller hamms mitgnumma?
Kunz:	Und zwar gewaltige! 20 Zentimeter lang, so richtige Prügel! Weil i mogs, wenns kracht! I sog an Silvester allaweil: „So jung kemma heier nimmer zamm und drum lassmas kracha!" Also, mei Frau und i gemma spaziern, es is eine wunderbare Winternacht mit circa 8 Grod plus und Sprühregen und zwoa Minuten vor zwölfe kemma mir grod beim Holzer Hans vorbei. Wissns scho, da Holzer Hans, der wos in da Kirch' immer de Fürbitten lest.
Hinz:	Ach der! Do wo d'Tocher an Preißn gheirat hod!
Kunz:	Genau der! I hob normal mitn Holzer Hans koa Problem, owa seit gestern hob i oans.
Hinz:	Wia des?
Kunz:	Da Holzer Hans steht mit seiner Frau und sein Hund vorm Gartntürl und wart aafs Feuerwerk. I zünd an Chinaböller o und wirfna, soweit i konn. Und wos mocht der Hund? Wos mocht de dumme Kreatur? Rennt wie ein Gschoß noch dem Chinaböller nache und bellt wie ein Irrer. Der hod gmoant, des waar a Stöckerl! Wie konnma denn an Chinaböller mit einer brennerten Zündschnur mit an Stöckerl verwechseln?! Normal unmöglich! Da Holzer hod gschrian: „Lohengrin, do kimm her!" Sei Frau hod gschrian: „Lohengrin, ned, des Stöckerl is bäbä!"

	Und i hob aa gschrian: „Hä, Platz!" Owa keine Chance. Des „Platz" hod da Chinaböller wörtlich gnumma und genau, wia da Hund durt war, hods den Böller zrissn! Sie, der Hund hod gschaut, so bläd hob i no nie an Hund schaun seng. Wia wenn er an Geist gseng hätt!
Hinz:	Der war baff!
Kunz:	Owa dodal! Der is dogstandn wie ein Denkmal. Der hod aa nimmer bellt, keinen Mucks. Es war direkt unheimlich staad.
Hinz:	War er verletzt?
Kunz:	Des ned, also äußerlich war nix. Owa wia da Holzer Hans gschrian hod: „Lohengrin, kimm zum Papa!", hod der Hund überhaupt ned reagiert. Do hamma dann gspannt, dass der Hund momentan nix hört. „Jetza hammses", hod da Holzer gsagt zu mir, „der hört nimmer. Und Sie san schuld!" – „Also Herr Holzer, des is a Schmarrn", hob i gsagt, „bin i dem Chinaböller nochgrennt oder da Lohengrin?" I moan, es war mir natürlich scho zwider und da Holzer is normal ned unrecht und er duat mir aa leid, scho wega sein Schwiegersohn, owa wos konn i dafür?
Hinz:	Des daad i aa sogn! Des waar ja no scheener, wennma am Silvester koan Chinaböller mehr werfa kannt, bloß weil a bläder Hund in da Nähe is!
Kunz:	Eben! Und heit hod er mi scho ogruafa, da Holzer. Er war beim Tierarzt und der hod gsagt, dass da Lohengrin a Knalltrauma hod und circa drei Dog nix hört und dann is wieder alls in Ordnung. „Na also", hob i gsagt zum Holzer, „dann is ja gor ned so schlimm!" Wissns, wos er dann gsagt hod?
Hinz:	Wos nacha?
Kunz:	„Von wegen ned schlimm!", hod er gsagt. „Drei Dog ohne Gehör, des kinnan Eahna Sie gor ned vorstelln!", hod er gsagt. „Wenn Sie drei Dog ned mitkriagn, wos de Mitmenschen sogn, des is ein Trauma!", hod er gsagt.
Hinz:	Und wos hamms nacha gsagt zu eam?
Kunz:	I hob gsagt, dass er do wos verwechselt. Weil wenn i mir vorstell, dass i drei Dog ned hör, wos mei Frau sagt, des waar koa Trauma, sondern a Traum!

Es heißt ja immer, dass Väter ein ganz besonders liebevolles Verhältnis zu ihren Töchtern haben, genauso wie Mütter zu ihren Söhnen. Weiter heißt es, dass mit Argusaugen darüber gewacht wird, dass ja nicht der falsche Freund oder die falsche Freundin ausgesucht und ins Haus gebracht wird. Angeblich kommt für einen Vater der Tag, an dem er schmerzlich merkt, dass andere Männer für das Töchterlein interessanter werden als der Papa. Die Tatsache, dass diese anderen Männer jünger und äußerlich in der Regel deutlich attraktiver sind (mehr Haare, weniger Gewicht!), verstärkt den väterlichen Schmerz noch. Angeblich tut es dann furchtbar weh, wenn man nicht mehr die Nummer eins für die liebe Kleine ist. Dies alles gilt natürlich nur für altmodische, engstirnige und stumpfsinnige Väter, nicht aber für mich. Denn ich, ich bin da ganz anders. Ich bin liberal, selbstbewußt und weltoffen! Kurz gesagt, ich bin

Der aufgeschlossene Vater

Mei Tochter hod jetza aa an Freind! Den allerersten! Sie is zwar erst 17 Johr olt, owa mei, heitzudogs sans einfach früher dran.
I hob gsagt: „Deandl", howe gsagt, „i hob nix dagegn!" Des is ihr zwar im Prinzip wurscht, owa i wollts amol gsagt hobn, dass des klar is.
I bin ja ned oana vo de Väter, de d'Händ übern Kopf zammschlogn und sogn: „Uiuiuiui, aus is, mei Tochter hod an Freind! D'Welt geht unter!" Naa, so oaner bin i ned, i bin da mehr gelassen, cool praktisch... Wenns aso is, dann is aso.
I hobs gsagt zu meiner Frau: „Reg di ned aaf, des is der Lauf der Natur! A jeder Topf braucht sein Deckl!" I hobs ihr rein zufällig gsagt, in da Friah um holwe drei, weil i ned schloffa hob kinna. Nacha hod sie gsagt, sie regtse gor ned aaf, sondern i. Und außerdem soll i sie ned mitten in da Nacht aafwecka. Aso a Schmarrn! I wollts ja bloß beruhigen!

Mir is doch des egal! I bin koaner vo de verbohrten Väter, de eifersüchtig san und zu da Tochter sogn: „Gell, ein Freind kimmt mir nicht in die Tüte!" Sowos daad i nie sogn! I hob die Einstellung, dass a kloans Kind aa seine Bedürfnisse hod, aa wenns erst 17 is.

I hob zum Beispiel kein Problem damit, wenn de Händchen holtn. Wos soll i mi do aafregn? Des is doch ned unnormal. Guat, i hob natürlich scho zu ihr gsagt, mir waars liaber, wenn i dabei waar, falls amol zum Händchenholtn kimmt. Weil immerhin sans ja Kinder! Und verheirat sans aa ned!
„Und wennst amol alloans mit eam bist und er wird zudringlich, dann konnst du mi jederzeit oruafa!", hob i gsagt. „Dog und Nacht! In da heitigen Zeit, wo jeds Kind a Handy hod, is da Papa immer erreichbar!"

Sie konn aa mit eam ins Freibad geh oder zum Kappenabend vom Schützenverein, weil do san viele Zeugen, do konn normal nix passiern. Owa Orte, wo sie mit eam alloans is, solls meiden, solang sie eam erst a poor Monat kennt. Im Kino zum Beispiel oder im Park, do waar i scho liaber dabei. I hob ja grundsätzlich nix gega eam, owa man woaß ja nie. Es konn ja Situationen gebn, wo er sie fragt, ob er ihr an Kuss gebn derf und wenn i ned anwesend bin, sagts vielleicht „ja" in ihrer Kindlichkeit. Und dann hamma'n Dreg im Schachterl!

Andererseits sans natürlich junge Leit und wolln aa a weng an Gspoaß hom. I woaß doch des, i bin doch aa amol jung gwen!
„Fohrts amol Radl mitanand oder gehts in d'Eisdiele!", hob i gsagt. „Des is eine Riesengaudi! Ihr miaßtsma bloß rechtzeitig Bescheid sogn, wannma des mocha, dass i mir freinehma konn!"
Do bin i selbstlos! Für mei Tochter dua i alles! Owa i will mi natürlich ned aafdränga. Wenns alloans in d'Eisdiele geh wolln – kein Problem, dann halt ohne mi. In so an Fall muaß sie allerdings spätestens nachmittog um viere dahoam sei, weil sicher is sicher.

Omei, de erste Liebe! Do hauts d'Hormone ganz schee durchananda! Des wirktse aa aafs Allgemeinbefinden aus. Mei Tochter zum Beispiel, de hod scheinbar direkt Kopfweh vor lauter Gefühle. Weil seit sie den Freind hod, nimmt sie alle Dog aaf d'Nacht um sieme aso a kloane weiße Tablettn. Mei Frau sagt, solang sie de regelmäßig nimmt, brauchtsase koa Kopfzerbrechen macha. Mei, Kinder san halt do wahrscheinlich a weng empfindlich!

Man derf ja so erste Schwärmereien ned so ernst nehma. Ob jetza der Freind da Mann fürs Leben is, do drüber mach i mir eigentlich koane Gedanken, weil wer woaß, wos no kimmt. Drum dua i mi aa ned owe, ob er mei Tochter ernährn konn, weil des waar ja lächerlich, wenn i mi do owedaad. Zu Geld hob ja i sowieso a völlig zwangloses Verhältnis. Drum hob i letzdings zu eam gsagt: „Do schau her, do gib i dir jetza a Anlageverzeichnis und des konnst dann völlig zwanglos ausfülln!" I hobs unterteilt in Lebensversicherungen, Bausparer, Wertpapiere und sonstiges Vermögen. Wia gsagt, mir is ja Geld wurscht, owa ned, dass hoaßt, i daad mi ned für eam intressiern. Er hod mi gfragt, wos sonstiges Vermögen is. Nacha hob i gsagt, des san Gegenstände, de wosma im Notfall verkaffa konn. Nacha hod er einegschriebn „1 Snowboard"! Also, Humor hoda, des muaßma eam lassn!

Menschlich is er ja ned zwider. Er griaßt, wenn er kimmt und sagt meistens „tschüss", wenn er geht. Und neilich im Supermarkt howen zufällig beim Obst troffa, do hod er „hei" gsagt zu mir. Also menschlich is er einwandfrei.

Vorigs Mal waars allerdings bold a weng kritisch wordn. Er war do bei uns und i, mei Frau, mei Tochter und er, samma im Wohnzimmer gsessn und hamma'n Musikantenstadl ogschaut. Da Heino singt grod „Schwarzbraun ist die Haselnuss", do sagt mei Tochter ohne Vorwarnung: „Mir gemma jetza a wengerl in mei Zimmer affe!"
I bin momentan dermaßen daschrocka, dass mir da Pressog z'samt'n Essiggurkerl aus da Semmel aussagfolln is. „Wos mach i?", hob i mir denkt, „wia konn i des verhindern?" Wenn de zwoa aaf d'Nacht um neine alloans in ihrem Zimmer san, dann is de Situation außer Kontrolle! Do brechen alle Dämme, eventuell!
I hobma denkt, jetza muaß i einen Hammer-Vorschlag macha, dass i de zwoa vo de lüsternen Gedanken abbring. Gottseidank is mir schlagartig die Lösung eigfalln und i hob gsagt: „Wissts wos, jetza trinkma an Schnaps!" Kein Mensch is aaf mein Vorschlag eiganga. Im Gegenteil, mei Frau hod gsagt: „I mog koan!" Original mei Frau! Des sagt de immer, wenns um Schnaps geht! Es gibt einfach Situationen, do muaßmase opfern und an Schnaps trinka! Owa des erkennt de ned, do hod de koa Gspür dafür.
I hob scho oans, owa alloans wollt i aa koan Schnaps trinka. Dann hob i mit dem kindlichen Spieltrieb spekuliert: „Eigentlich kanntma zu viert Monopoly spieln!", hob i gsagt.
Und anstatt, dass sie mi unterstützt, säuselt mei Frau: „Ah geh, lass doch de zwoa ins Zimmer geh! Do wolln aa amol alloa sei! Gell?" Des

is typisch! Die Untergrabung der Autorität des Voders durch die Muada! Des is des, wos uns Männer krank macht! Des is da Grund, warum da Mo in 80 Prozent aller Fälle vor sein Wei stirbt, falls er oans hod. Ned d'Zigrettn sans und ned da Alkohol. Des ewige Dagegnredn is! Des bringt uns aaf Dauer um!
„I hätt no an Vorschlag", hob i in meiner Verzweiflung gsagt. „I schalt um aaf MTV und mir hörma uns gemeinsam a poor Rap-Songs o! Es muaß ned allaweil da Moik sei! I seg den Nelly aa gern oder den Eminem!" Des hod aa nix gholfa.
„Naa, Paps", hod mei Tochter gsagt, „mir gemma affe und schaun uns a cools Video o!"
„Genau", hod mei Frau gsagt, „schauts eich a Video o! I bring eich dann a poor Chips und a Cola!" Dann sans ab ins Zimmer.

I hob mei Frau gfragt, ob sie vielleicht spinnt.
„Woaßt du, wos de zwoa jetza macha?", howes gfragt.
„Naa. Woaßtas du?"
„Eben ned! Des is ja des! Wia konnst denn du des erlaubn? Du woaßt doch, wiama mir Männer san!"
„Woher soll i des wissn", hods gsagt, „vo dir ned, weil du warst allaweil scho a Lalle, der vo sich aus gar nix gmacht hod!"
Do hods im Prinzip recht, owa i bin ja aa a dodal positive Ausnahme. I bin ned so triebgesteuert und seg in de Frauen bloß a Sexobjekt, zumindest wos meine betrefft. Do bin i mehr kopfgesteuert, do hod mei Intelligenz d'Überhand gegenüber vo mein Trieb.

Und wega meiner Intelligenz is mir dann aa die Lösung eigfolln.
„De Chips und des Cola, des bring i affe ins Zimmer", hob i zu ihr gsagt. Und dann hob i um holwe zehne d'Chips ins Zimmer bracht, um viertel vor zehne 's Cola, um zehne Gummibärln, um holwe elfe Erdnüss und um elfe howe gfragt, ob's Video schee is. Und jedsmol sans ganz brav aaf da Couch gsessn und hamm in Fernseh einegschaut.

„Und?", hod mei Frau gfragt, wia i wieder owakemma bin.
„Des is da gleich Lalle wia i", hob i gsagt, „gottseidank!"
„Segstas", hods gsagt, „und du host immer aso a Gschieß!"
„I doch ned!", hob i gsagt. „Mir is doch des wurscht! Und jetza geh i affe und frogs, obs no Chips wolln!"

Ich bin ja schon immer ein sehr aktiver Sportler. Dies äußert sich dadurch, dass ich mir keine Sportsendung im Fernsehen entgehen lasse. Egal, ob Leichtathletik, Fußball oder Wintersport: Ich schaue alles! Weil erstens hält Sport fit und zweitens kann man am Stammtisch mitreden. Der Sport an sich ist ja schon spannend und unterhaltsam, aber so richtig lustig wird es erst, wenn die Interviews kommen. Die Fragen mancher Sportreporter sind an Intelligenz und Einfallsreichtum kaum zu überbieten. Höchstens durch die Antworten der Sportler!

Übrigens: Wer glaubt, das nachstehende Gespräch sei eine Satire, der sollte sich mal Skispringen im Fernsehen anschauen!

Wenn dich die Winde plagen

Reporter: Wie fanden Sie Ihren Sprung?
Skispringer: War beschissen!
Reporter: Sind Sie zufrieden?
Skispringer: Eigentlich nicht. Der Sprung war schlecht!
Reporter: Es war ja kein besonders guter Sprung. Wie sehen Sie das?
Skispringer: Genau!
Reporter: Woran lags?
Skispringer: Ich hab ja schon den Absprung verpasst. Also den Absprung, den hab ich verhaut!
Reporter: Der Absprung war nicht ideal?
Skispringer: Genau!
Reporter: Lags am Absprung?
Skispringer: Also der Absprung hätte besser sein können. Und ich hab ja im ersten Flugdrittel keine Luft unter die Schi bekommen!
Reporter: Hat es an der Luft gefehlt?
Skispringer: Unter dem Schi! Null Luft!
Reporter: Heute herrschen ja ziemlich wechselnde Winde. Sehen wir uns mal die Super-Slow-Motion an! Was sagen Sie?
Skispringer: Den Absprung, den hab ich verhaut! Und dann null Luft unterm Schi im ersten Flugdrittel!

Reporter: Welche Rolle spielen die Winde?
Skispringer: Mir stinken die Winde von hinten. Wenn du von hinten einen Wind bekommst, hast du keine Chance.
Reporter: Rückenwind?
Skispringer: Genau! Null Chance!
Reporter: Glauben Sie, dass der Rückenwind Ihren Sprung beeinträchtigt hat?
Skispringer: Auf alle Fälle! Also zuerst hab ich den Absprung verhaut und dann der Wind! Ich hatte keine Luft unter dem Schi!
Reporter: Im ersten Flugdrittel?
Skispringer: Genau!
Reporter: Wie empfindet man das als Springer, wenn der Wind von hinten kommt?
Skispringer: Also, es ist so: Du fährst die Anlaufspur runter, du springst ab und dann merkst du: Holla, der Wind kommt von hinten! Das hat man im Gefühl.
Reporter: Ah ja! Was ist das für ein Gefühl?
Skispringer: Gefühl? Hm, das ist ein Gefühl, also das muss man sich so vorstellen, als ob von hinten ein Wind kommt. So ungefähr.
Reporter: Interessant! Und wie reagiert man in so einem Fall?
Skispringer: Äh ... reagieren? Ich versteh' jetzt die Frage nicht ganz.
Reporter: Ich meinte, was tut man, wenn man merkt, dass der Wind von hinten kommt?
Skispringer: Ach so! Ja, also dann, dann versucht man, dass man möglichst weit springt!
Reporter: Ah ja! Und bei Aufwind?
Skispringer: Auch!
Reporter: Das ist erstaunlich! Jetzt nochmal zu Ihrem Sprung: Glauben Sie, dass es für den zweiten Durchgang reicht?
Skispringer: Hm ..., also momentan bin ich 34., dreißig kommen in den zweiten Durchgang, das wird wahrscheinlich ziemlich eng!
Reporter: Schaun wir mal, was die Konkurrenz macht! Wir drücken Ihnen die Daumen!
Skispringer: Dankschön!
Reporter: Was macht man als Skispringer zwischen den beiden Durchgängen?

Skispringer: Warten! Also meistens wartet man, bis der zweite Durchgang anfängt!
Reporter: Ach ja! Und wie vertreibt man sich die Zeit?
Skispringer: Also ich geh meistens aufs Klo oder ich lese was – oder beides.
Reporter: Rationell!
Skispringer: Nein, Blitz-Illu!
Reporter: Ja gut. Sie sind ja nun schon acht Jahre im Weltcupgeschehen dabei. Was raten Sie einem jungen Springer, der gerade am Anfang seiner Karriere steht? Haben Sie da ein paar Insider-Tipps?
Skispringer: Des is schwierig. Also, aus meiner Erfahrung raus würd' ich sagen, er soll versuchen, möglichst weit zu springen!
Reporter: Ich hoffe, unsere Nachwuchstalente haben diesen Rat eines alten Hasen gehört. Mir wird gerade gesagt, dass wir noch etwas Zeit haben. Das Springen ist momentan unterbrochen wegen der wechselnden Winde.
Skispringer: Ja, ich glaube, die haben jetzt unterbrochen wegen dem Wind!
Reporter: Sieht so aus. Vielleicht noch eine private Frage: Heute ist ja Ihre Freundin hier an der Schanze.
Skispringer: Ja, heute ist meine Freundin da! Die ist hier an der Schanze glaub ich.
Reporter: Beflügelt Sie das oder macht Sie das eher nervös?
Skispringer: Sowohl als ob! Ich meine, es ist ja so: Wenn dich Winde von hinten plagen, dann ist dir die Freundin relativ egal. Ich mach meinen Job. Ich zieh mein Ding durch.
Reporter: Ah ja, hochinteressant! In zwei Wochen beginnen die Weltmeisterschaften. Wie bereiten Sie sich vor?
Skispringer: Ja, ich hab da eine spezielle Vorbereitung, weil in zwei Wochen beginnen die Weltmeisterschaften.
Reporter: Wie sieht diese Vorbereitung aus?
Skispringer: Training, Training und nochmal Training!
Reporter: Sieh an! Sie trainieren also sehr viel?
Skispringer: Training, Training und nochmal Training!
Reporter: Wahnsinn! Ich sehe, das Springen ist nach wie vor unterbrochen.
Skispringer: Die Winde hast du nicht im Griff! Die kommen, wann und wie sie wollen! Des is grausam!

Reporter: Wir wollen Sie aber nicht länger aufhalten, Sie haben ja sicher noch was vor.
Skispringer: Eigentlich nicht.
Reporter: Nicht?
Skispringer: Vielleicht geh ich aufs Klo.
Reporter: Alles klar! Zum Schluss vielleicht noch ein Tipp in eigener Sache: Wie sehen Sie Ihre Chance bei der Weltmeisterschaft?
Skispringer: Ja gut, ich kenn die Schanze schon vom Weltcup.
Reporter: Nein, nicht die Schanze, ich meinte die Chance! Ihre Chance bei der Weltmeisterschaft!
Skispringer: Ach so! Haha! Das hab ich jetzt falsch verstanden. Chance-Schanze, des is natürlich schwierig, rein akustisch.
Reporter: Wie sehen Sie Ihre Chance?
Skispringer: Ich sag mal so: Wenn ich sehr weit springe, dann müsste eine gute Platzierung drin sein. Bei kurzen Sprüngen siehts allerdings nicht so gut aus, dann liege ich weiter hinten, wahrscheinlich.
Reporter: Angst?
Skispringer: Vor den Winden von hinten!
Reporter: Alles klar! Dann wünschen wir Ihnen alles Gute! Wären Sie mit einem Platz unter den ersten zehn zufrieden?
Skispringer: Ja gut, so konkret will ich mich nicht festlegen, aber wenn ich von den dreißig Finalteilnehmern im ersten Drittel lande, dann wäre das okay.
Reporter: Das ist eine klare Ansage! So, liebe Zuschauer, ich höre, das Springen geht gleich weiter. Ich bedanke mich für dieses interessante Gespräch, wir machen noch etwas Werbung und dann geben wir wieder ab an die Maier zu unserem Kollegen Michael Schanze!
Skispringer: Umgekehrt!
Reporter: Wie bitte?
Skispringer: An die Schanze zum Kollegen Michael Maier!
Reporter: Äh, danke!
Skispringer: Bitte!

In der Adventszeit ist es bei allen Medien sehr beliebt, den heutigen modernen Menschen zu erklären, wie es früher war in den Wochen vor Weihnachten. Früher, damit ist die Zeit gemeint, in der der Schnee noch aus Wolken kam und nicht aus Kanonen, in der das Christkind noch der Heiland war und keine Homepage und in der die Weihnachtsgans noch mit einer Füllung vollgestopft wurde und nicht mit Hormonen. Ein Reporter hat sich aufgemacht zum betagten Ehepaar Kieslbauer, damit dieses live berichtet, was sich damals zugetragen hat in der Zeit der Erwartung.

Weihnachten damals

Reporter: So Frau Kieslbauer, jetzt erzählen Sie mal, wie wars denn früher so in der Adventszeit?
Frau K.: Ja mei, des war ganz anders wia heit!
Herr K.: Ganz anders!
Frau K.: Do isma aaf d'Nacht zammgsessn in da Stubn und dann hodmase Gschichtn erzählt vo de Geister!
Herr K.: Oder vo de Nachbarn, wos des für Deppen san! Des war lustig!
Frau K.: Falls d'Nachbarn ned dabeigsessn san!
Herr K.: Genau! In dem Fall hodma dann liaber vo de Geister erzählt. Mei, wos hättma denn aa sunst macha solln? De Carolin Reiber hods ja damals no ned gebn! Und wennses gebn hätt, hätts aa nix gholfa, weil es hod ja no koan Fernseh gebn!
Reporter: Jaja, die gute alte Zeit! Es war eine schöne Zeit damals, oder?
Frau K.: Eigentlich scho. Man is no zfriedn gwen, weil es hod ja nix gebn.
Herr K.: Und wenns nix gibt, dann will da Mensch aa nix. Des is einfach aso. Mi ärgert bloß des mit dem Essn!
Reporter: Mit dem Essen?
Frau K.: Ja, des ärgert mein Sepp gscheit! Do wird er so richtig grantig! Damals, do hods aaf d'Nacht a Millisuppn gebn mit an Brout oder a gsteckerlte Milch mit Erdäpfelstampf.

	Sunst nix! Mei, es war a schlechte Zeit in da guatn oltn Zeit!
Herr K.:	Genau! Und heit? Schaunses doch o! Heit hauns drümmer Schnitzel eine oder an Schweinsbraten oder a fette Gans! Mi regt des dermaßen aaf! De Fresserei konn i gor ned segn!
Frau K.:	Des stimmt! Do schimpft er fei oft, da Sepp, wenn er des segt, wia de Leit heitzudogs einehaun.
Reporter:	Weil sich die Leute heutzutage mit dem ganzen Zeug so ungesund ernähren? Das ärgert Sie!
Herr K.:	Naa, mi ärgert, dass i des Zeig nimmer beißn konn!

Eine spannende Angelegenheit für die Kinder ist das alljährliche Schreiben des Wunschzettels für das Christkind. Man hofft ja, dass alle Wünsche erfüllt werden, aber das geht meistens leider nicht. Übrigens sollte man den Wunschzettel einigermaßen gewissenhaft schreiben, denn sonst kann die Sache auch mal total schiefgehen.

Das pedantische Christkind

Hansi:	Du Sepperl, woaßt wos? I hob letzts Johr aaf mein Wunschzettel affegschriebn, dass i mir an Game-Boy wünsch und neie Schi und a Harry-Potter-Buch und a ferngsteiertes Rennauto. Und dann hod mir's Christkindl bloß neie Schi bracht und do is a Zettel dranghängt und aaf dem is obngstandn: „Lieber Hansi! Ich habe mir deinen Wunschzettel ganz genau durchgelesen und ich glaube, am dringendsten brauchst du die Schi. Viel Spaß damit!" Do hob i mi fei gfreit!
Sepperl:	I hob mi ned gfreit, Hansi!
Hansi:	Worum host di denn du ned gfreit?

Sepperl: I hob aaf mein Wunschzettel affegschriebn, dass i a Faradl möcht und a Akwarium. Und dann hob i aso a bläds Biacherl kriagt, wo ned amol Bildl drin san und do is a Zettel dranghängt, aaf dem is obngstandn: „Lieber Sepperl! Ich habe mir deinen Wunschzettel ganz genau durchgelesen und ich glaube, am dringendsten brauchst du einen Duden!"

Männersorgen

Sepp: Omei Kare, eines Tages werd i no narrisch! Oa Wocha no, nacha is Heiliger Abend! Weihnachten und Ehefrauen, woaßt wos des is? Des is eine fatale Kombination!
Kare: Red ned so gschwolln daher! Wia moanst nacha des?
Sepp: Seit Wochen liegts mir in de Ohrn, sie möcht a goldene Halskettn. Seit Wochen!
Kare: Jamei, des is doch normal! De wolln doch immer wos, wos deier is und koan Nutzen hod.
Sepp: Owa gestern sagts zu mir, a goldener Armreifen waar ihr doch liaber!
Kare: Ja und?
Sepp: Des is heier des erste Mol, dass ihra Weihnachtsgschenk umtauscht, bevorses hod!

Ich bin ein Mensch, der vieles, was er erlebt, in seinen Träumen verarbeitet. Das tun wahrscheinlich sehr viele, aber bei mir ist es oft erschreckend realistisch. Wenn ich zum Beispiel nachmittags eine Talkshow auf einem Privatsender sehe, träume ich nachts von einem Affengehege im Zoo. Oder wenn ich abends um 22 Uhr eine Schweinshaxen mit Knödel esse, träume ich, falls ich überhaupt schlafen kann, von Bauchweh und platzenden Luftballons. Beim letzten Bundestagswahlkampf habe ich nach dem Fernsehduell der beiden Kandidaten von Kasperl und Seppl geträumt.

Ganz schlimm war es aber in einer Nacht vor wenigen Wochen, als ich am Abend zufällig eine Diskussion über das Für und Wider einer Rechtschreibreform im Fernsehen verfolgt hatte. Scheinbar hat mich als schreibenden Menschen dieses Thema emotional sehr berührt. Ich träumte nämlich, dass mein Kind ein hypermodernes Internat besucht, in dem man sich mit der deutschen Sprache der Zukunft beschäftigt. Das Kind berichtete mir per Brief von seinen Lernfortschritten. Es war, gelinde ausgedrückt

Ein Alp(b?)traum

Tag 1

Hallo Papa!
Herzliche Grüße aus meiner neuen Schule! Du weißt ja, dass es das Ziel unseres Unterrichts ist, die deutsche Sprache so einfach wie möglich zu machen und überflüssige, veraltete Regeln zu beseitigen. Begonnen haben wir heute mit einer ganz simplen Maßnahme, indem wir die Groß- und Kleinschreibung abgeschafft haben. Wie du am folgenden Beispiel siehst, ist das eine tolle Vereinfachung:

durch die abschaffung der lästigen unterscheidung von „großen" und „kleinen" wörtern ist bereits eine enorme fehlerquelle für uns schüler ausgeschlossen. es war ja oft ein riesenproblem, ob man zum beispiel bei „zu hause" das wort „hause" groß oder klein schreibt. darüber brauchen wir uns in zukunft kein kopfzerbrechen mehr zu machen. ich halte das für eine supersache und bin schon sehr gespannt, was morgen auf dem programm steht. herzliche grüße an alle!

Tag 2

einen schönen tag, lieber paps! ich habe dir ja gestern schon geschrieben, dass ich sehr gespannt bin, welche neuerung wir heute einführen in der deutschen rechtschreibung. es ist etwas ganz einfaches, aber sehr wirkungsvolles: wir lassen künftig die satzzeichen weg! falls du es dir nicht genau vorstellen kannst, es sieht dann ungefähr so aus:

ohne satzzeichen geht vieles leichter du weißt ja wie oft ich krampfhaft überlegt habe ob in bestimmten fällen ein komma hinkommt oder nicht das ist jetzt alles hinfällig ich frage mich bloß warum man nicht schon früher auf diese tolle idee gekommen ist damit hätte man bestimmt ganzen generationen von schülern schlechte noten im diktat und im aufsatz ersparen können ich bin begeistert von dieser schule schon nach zwei tagen habe ich ein völlig neues verhältnis zur rechtschreibung ich grüße dich sehr herzlich

Tag 3

lieber daddy heute hatten wir gleich in der ersten stunde deutsch der lehrer hat gesagt heute gibt es nur eine klitzekleine neuerung die kaum auffällt aber trotzdem dazu führt dass die schüler weniger fehler machen die neuerung besteht darin dass die doppelbuchstaben wegfallen und nur mehr einfach geschrieben werden damit du weißt was ich meine hier ein kleines beispiel

gotseidank wird jetzt das schreiben imer leichter für uns schüler und viele dume fehler könen nicht mehr pasieren den es ist komplet egal ob ein buchstabe dopelt ist oder nicht auf diese weise spart man auch masenhaft tinte und es ergibt sich neben der vereinfachung auch ein einsparefekt ich kann nur sagen tole iden haben die hier beste grüse und tausend busis auch an die muti

Tag 4

halo väterchen es wird imer einfacher und irgendwie auch lustig wahnsin wie einige kleine änderungen den schulaltag schöner machen und uns schüler die angst vor schlechten noten nehmen und seien wir doch mal ehrlich ohne punkt und koma geht die welt auch nicht unter und wer braucht schon dopelbuchstaben heute ging es weiter wir haben beschlosen das h wegzulasen eigentlich eine logische maßnahme weil man es ja eh nicht hört und deshalb ist es völig überflüsig ohne diesen sinlosen buchstaben sieht dan ein text so aus

wir aben ja nict nur deutsc sondern auc mate englisc und französic als weitere spraclice fäcer eigentlic wäre es nict sclect auc da einige vereinfacungen durczufüren den leict sind diese fäcer nict gerade scön war es übrigens eute beim sport im undertmeterlauf abe ic die dritbeste zeit der ganzen klase ereict und wen ich glück abe bekome ic im albjareszeugnis einen einser das wäre natürlic tol ic bin scon gespant was morgen die letzte rectscreibvereinfacung ist morgen ist ja scon freitag und ic freue mic scon auf das wocenende den da darf ic zu euc nac ause faren bis dan tscüs
ps in meine klase get ein ganz süser boy er eißt olger

Tag 5

allo zusamen so die erste woce wäre gescaft wen ir diesen brief lest bin ic scon bei euc zuause eute aben wir unsere rectscreibreform abgesclosen mit einer genialen maßname der lerer at gesagt am meisten bringt es wen man den bucstaben e wegläst den er ist der äufigste in der deutscen sprace und sein wegfal bringt eine enorme einsparung überzeugt euc selbst ier ein beispiel aber vorsict es ist am anfang gar nict so leict zu versten

im großn und ganzn ist di rst woc ir im intrnat supr glaufn ic ab scon vil nt typn gtrofn und di lr sind auc al scwr in ordnung das sn scmckt gut ofntlic wrd ic nict zu dick so das wars in alr kürz rzlic grüs

anmrkung ds autors gotsidank war s nur in traum

Zinsdiskussion am Stammtisch

Sepp: Omei, wenn i drodenk an de Zinsen vo friaher und an de vo heit, dann kimmt mir's Grausen! Vor 20 Johrn, do hob i de Zinsen, de wos i für mei Sporbiacherl kriagt hob, abghobn und drei Dog Urlaub in Wien gmocht! Und den Rest, den hob i wieder aaf's Sporbiacherl eizohlt! Und vor 10 Johrn, do hob i aa meine Zinsen abghobn und damit neie Winterreifen kafft! Und den Rest, den hob i wieder aafs Sporbiacherl eizohlt! Und heier hob i wieder meine Zinsen abghobn, owa heier kaaf i mir davo bloß no a Schaschlik mit Pommes und a Maß Bier!
Kare: Und'n Rest?
Sepp: Den muaßtma du leiha!

Tante Fanny in München

Neffe: Ja griaßde, Tante Fanny! Wia gehts da denn allaweil?
Tante: Noja, ganz guat. Stell dir vor, Hansi, am Samstag war i des erste Mol in mein ganzn Leben in Minga! I konn dirs sogn! Des war vielleicht ebbs!
Neffe: Du in München? Ganz alloans?
Tante: Naa, doch ned ganz alloans! Des daad i mir nie traun. Naa, meine Freindinnen vom Kaffeekranzl warn aa dabei! Samma mitn Zug affegfohrn aaf Minga. Mei, isda des eine Stodt! O Gotterl naa, wosma do alles gseng hamm!
Neffe: Wos nacha?
Tante: Also z'erst den Bahnhof! Mei, is des a Bahnhof! Und de ganzn Gleise, oans wia's ander, omei! Und dann der Kiosk am Bahnhof! Mei, wos da alles gebn hod! Und des Klo am Bahnhof! Und de Leit im Bahnhof, soviel Leit! Männer, Frauen, Japaner, alles!
Neffe: Und sonst?

Tante: Des Wirtshaus im Bahnhof hamma aa no gseng! Do is des Wirtshaus größer wia bei uns dahoam da ganze Bahnhof! Omei, omei! Und wosma dann no gseng hamma, des trau i mir gar ned sogn!
Neffe: No geh, Tante, mir konnstas doch sogn! Wos habts denn dann no gseng?
Tante: An Sexshop neban Bahnhof! Wos do alles im Schaufenster drin gwen is, uiuiuiui! Sowos hob i no nie gseng! Durchsichtige Unterhosn, dann so Dinger, de hamm ausgschaut wia..., also i hob sowos no nie gseng. Und im Schaufenster war no a Plakat, do is obngstandn „Reiche Auswahl an Spezialartikeln im Geschäft!"
Neffe: Ja do schau her, sowos schauts ihr eich o? Seids dann eine ins Gschäft?
Tante: Mir wolltma scho, owa des is ned ganga! Nacha samma wieder hoamgfohrn.
Neffe: Wieso is des ned ganga?
Tante: An da Tür is a Schildl ghängt „Zutritt erst ab 18" und mir warma bloß zu viert!

Kinderlogik

Nachbar: No Flori, gfreist di nacha scho aaf dei Kommunion?
Flori: Ja scho, wenn bloß de Kircha ned waar! Dann waars richtig cool!
Nachbar: Lass sei, de geht aa ume! Wer kimmt denn nacha aller zu deiner Kommunionsfeier?
Flori: Alle kemmand! I hob acht Tanten und sechs Onkel und zwoa Opas und zwoa Omas. Und no sechs Cousins und vier Cousinen. De kemman alle! Da Papa und d'Mama kemma ned, weil de san scho do. Und dann kimmt no wer, owa de kenn i ned.
Nachbar: Wer nacha?

Flori:	I woaß ned, wer des genau is. Owa i glaub, de is ziemlich häßlich, weil d'Mama hod gsagt: „Do wirds wieder daherkemma, de Bagasch, de bucklerte!"
Nachbar:	Achso! Hahaha! Jaja, do wirds recht hom, dei Mama! Owa oans muaßt du dir mirka, Flori: Wennst du a große Verwandtschaft host, dann kriagst du viele Geschenke!
Flori:	Ehrlich? Des glaub i ned.
Nachbar:	Des konnst du mir glauben! Is doch logisch: Je größer d'Verwandtschaft, desto größer d'Gschenke!
Flori:	Des is ned logisch!
Nachbar:	Ned? Warum ned?
Flori:	Mei größte Verwandtschaft is da Onkel Heinz. Der is zwoa Meter zwoa groß. Und vo dem hob i no nie wos kriagt!

Beim Neujahrsfrühschoppen

Sepp:	A guats neis Johr, Manner!
Kare:	Ja, danke! I wünsch eich aa a guats Neis!
Fonse:	Jawoll! Grod sovül! Vor allem Gsundheit! Und, wos habts gestern gmocht an Silvester?
Sepp:	Omei! I hob a chinesisches Spezialfeierwerk ghabt mit Glitzereffekt! Des hob i um zwölfe ozundn und um 20 Minuten noch zwölfe hods no brennt! Einmalig!
Kare:	Und i hob an bengalischen Lichterbogen ghabt mit Goldregen und Silberschweif. Den hob i um zwölfe ozundn und der hod um holwe oans no brennt! Einmalig!
Fonse:	Und i hob a ungarische Gulaschsuppn ghabt mit Peperoni. De hob i um zwölfe gessn und de hod heit in da Friah no brennt! Zweimalig!

Weihnachtlicher Zeitmangel

Sepp: No drei Dog bis Weihnachten und i hob no koa Gschenk für mei Wei! Zenalln, wenn i bloß wissert, wos i dera schenka soll! I konn doch ned scho wieder a Parfüm kaffa!

Kare: Mensch, Sepp, denk amol noch! Frauen sogn doch oft so nebenbei, wos eahna gfollt! Hods in letzter Zeit nix erwähnt?

Sepp: Erwähnt? Mei, gestern beim Fernsehschaun hods gsagt: „Sepp, des waar schee, wennst du ausschaun daadst wia da Brad Pitt!"

Kare: Des bringt uns ned weida, weil do fehlts vo Grund aaf!

Sepp: Des seg i aa aso. Mensch, wos soll ihr denn bloß kaffa?

Kare: Wos hoaßt kaffa? Oft kimmt wos Selbergmachts bei de Weiber besser o als wia wos Kaffts. Denk amol genau noch, hods ned irgendwos so beiläufig erwähnt, wos ihr gfolln daad und wos du selber macha kanntst?

Sepp: Hm ..., also im Moment wissert i jetza nix, hm ..., obwohl, letzten Samstag ... oläck! Jetza woaßes! Ja mi host ghaut, wia soll i des mocha? Unmöglich! Des daad ihr zwar gfolln und des kannt i aa selber macha, owa des is unmöglich!

Kare: Wieso? Wos wills denn?

Sepp: Am Samstag samma spaziernganga. Und do is uns d'Nachbarin mitn Kinderwogn entgegenkemma. Do hod mei Wei eingschaut und dann hods gsagt: „Omei Sepp, schau amol! Aso a kloans Wutzerl, des waar schee!" Des schaff i aaf drei Dog nimmer!

Wer mich kennt, der weiß, dass ich nahezu immer höflich und freundlich bin, es sei denn, ich bin gerade grantig und gschert. Aber im Ernst: Es gibt Momente, da ist man im Stress oder hat den Kopf voller anderer Sachen. In solchen Momenten kann es dann passieren, dass einem einmal ein falsches Wort herausrutscht. Mir tut es dann immer furchtbar leid. Auch die folgende wahre(!) Begebenheit, die sich auf dem Christkindlmarkt in Passau ereignet hat, ist mir im Nachhinein immer noch peinlich. Sollten sich die Betroffenen wiedererkennen: Nochmals Entschuldigung! Ich war im Stress und es war im Prinzip nur

Der Fluch der dicken Winterkleidung

Kind: Hallo, dicker Mann!
Lauerer: Ja hallo, Kind!
Kind: Du, dicker Mann, i muss dir was sagen!
Lauerer: I hob jetza koa Zeit, i muaß mir an Glühwein kaffa!
Kind: I muss dir aber was sagen!
Lauerer: Ja fix, dann sogs schnell!
Kind: I krieg fei vom Christkindl neue Schi!
Lauerer: Ganz guat. So, jetza bi staad, weil i muaß mir an Glühwein kaffa!
Kind: Und du?
Lauerer: Wos i?
Kind: Kriegst du aa neue Schi vom Christkindl?
Lauerer: Naa!
Kind: Warst du vielleicht ned brav?
Lauerer: *Zum Glühweinverkäufer:* I kriagert an Heidelbeerglühwein!
Kind: *Zupft mich am Mantel:* He, dicker Mann! Warst du brav oder ned?
Lauerer: Ja kruzenäsn, jetza lass mir endlich mei Ruah, du Gfries!
Kind: *Weinerlich:* I war scho brav!
Lauerer: Is dei Frisör gstorbn oder wos, weilst mir den ganzn Schmarrn erzählst? Obst du Schi vom Christkindl kriagst oder ned, des interessiert mi soviel, wia wenn in Kalkutta a Currywurscht platzt! Und jetza verschwind!

Passant:	Sie, sans ned so gschert zu dem Kind!
Lauerer:	Des geht Sie an Dreg o, kümmerns Eahna um Eahnane Angelegenheiten!
Passant:	Sie, gell! Des is fei mei Kind!
Lauerer:	Ach du Schreck! Eahna Sohn is des?
Passant:	Naa, mei Tochter!
Lauerer:	Dann entschuldigens bitte! I hob ned gwusst, dass Sie da Vater san!
Passant:	I bin die Mutter!
Lauerer:	Wiederschaun!

Halb so schlimm

Kare:	Du Sepp, samma uns ehrlich: Schee staad kemma fei aa scho ins Alter!
Sepp:	Wia kimmst jetza aaf des, Kare?
Kare:	I kenns körperlich, vom Harndrang her! Obstas glaubst oder ned: Fast jede Nacht umara oans muaß i aafsteh zum Biesln! Des is direkt wia a innere Uhr – oans is und i muaß biesln, automatisch!
Sepp:	Umara oans? Und des fast jede Nacht? Mei liawa, des is owa ganz schee lästig, ha? Allaweil de Aafsteherei!
Kare:	Noja, sooo lästig is des aa wieder ned. Weil i muaß ja sowieso aafsteh', weil um oans 's Wirtshaus zuamacht!

Vorstellungsvermögen

Kare:	Mensch Sepp, hostas glesn? Da Hinterholler is jetza scho 30 Johr Bürgermoasta! Der hod praktisch sei 30-jähriges Dienstjubiläum oder wiama do sagt. Wahnsinn! 30 Johr Bürgermoasta! 30 Johr Chef, 30 Johr alles bestimma, wos lafft, 30 Johr Befehle gebn, 30 Johr oschaffa! Des konnse unseroaner gor ned vorstelln!
Sepp:	Unseroaner ned, owa unsere Frauen!

Der tägliche Aufriss

Sepp: Und Kare, wieder zruck aus'm Urlaub? Wia wars z'Bali?
Kare: Omei Sepp, des war ein Urlaub! Des Bali is nicht schlecht! Vor allem de Poolbar! I persönlich bin ja jeden Dog noch'm Frühstück glei an d'Poolbar und hobma a Weißbier kafft. De hamm do a Erdinger z'Bali , schmeckt ned amol schlecht! Hund sans scho, de Balier! Hamm de a Weißbier! Des hätt i gor ned erwartet!
Sepp: Sagtma do ned Balinesen dazua?
Kare: Naa, i hob immer „Weißbier" gsagt und des hamms verstandn.
Sepp: Alles klar! Und dei Frau hod do ned gschimpft, wennst du jeden Dog an da Poolbar ghockt bist und host a Weizen trunka?
Kare: Naa, eigentlich ned. Also, wega dem Weizen ned. Owa i hob jeden Dog oane aafgrissn! Des hod ihr gor ned recht passt! Da wars scho a weng verschnupft, wenn i wieder oane aafgrissn hob. Natürlich jeden Dog a neie, des is klar!
Sepp: Und wos hods do gsagt, dei Renate?
Kare: „Also Sepp", hods gsagt, „jetza reißt scho wieder oane aaf! Jedn Dog a neie Schachtel! Rauch holt ned soviel!"

Fremdsprachenkenntnisse

Sepp: Prost Kare! Samma wieder guat! Derfst wieder „Sie" zu mir sogn! Hähä!
Kare: Prost Sepp, olte Wurschthaut! Geht halt nix über a frische Mass Bier am Volksfest!
Sepp: Do host du vollkommen recht! Do, schau aaf den Tisch ume! Lauter Preissn! Schau hi, wia's einesaffand in ehran dumma Schädl!
Kare: Jamei, de kinnan aa nix dafür! De dürscht halt. Und rein vom Durscht her gseng san Preissn aa Menschen!

Sepp: Des mog scho sei. Owa mi regt des aaf, weils ned amol gscheit redn kinnan! Do bstellns „ein Maahs" anstatt dass sogn daadn „bringma a Mass"! Woaßt, wenn i wos ned gscheit sogn konn, dann bstelles halt ned! Nacha muaß i halt a Limo trinka, wenn i koa Bier ned ordnungsgemäß bestelln konn! Oder ebba ned? Stimmts oder hob i recht?
Kare: Also, wos des betrifft, do muaß i ganz staad sei! Weil mir gehts beim chinesischen Essen grod aso!

Oma's größter Wunsch

Oma: So Kinder, jetza sagtsma amol: Wos wünschts ihr eich vom Christkindl?
Hansi: An Scanner!
Kevinerl: A Spielekonsole!
Steffi: A Open-Air-Ticket fürn Eminem!
Oma: Soso! Omei, omei!
Hansi: Und wos wünscht du dir, Oma?
Oma: I? I wünsch mir a Fremdwörterlexikon, sunst woaß i ned, wos ihr eich wünscht's!

Nachbarschaftshilfe

Sepp: Du Kare, neba uns is fei vor a poor Wochen a Preiss eizogn!

Kare: Do schau her! Wo kimmda denn her?

Sepp: Keine Ahnung, owa vom Schmaatz her is er a dodaler Preiss. Der sagt zum Beispiel zu an Schtecka ned „Schtock" wia a normaler Preiss, sondern „Stock"! Mit „st", also ganz krass!

Kare: „Stock" sagt der? Ja mi host ghaut! Dann kannt ja des direkt a Fischkopf sei!

Sepp: Möglich is alles! Er hod scho d'Rente, also an Arbeitsplotz nimmt er uns ned weg. Owa trotzdem: Kaam war der do bei uns, war scho a Gaude!

Kare: Habts gstrittn?

Sepp: Des ned, weil mit dem konnst ja ned streitn, weil den verstehst ja ned und er di aa ned!

Kare: Do host recht, do duast di hart mit'm Streitn. Ja, owa wos hods denn dann für a Gaude gebn?

Sepp: Er hodse beim Pfarrer beschwert, weil in da Nacht d'Kirchaglockn läutn zu jeder vollen Stund. Er hod gsagt, dass er do ned schloffa konn und dass er des ned duldet, weil er als Rentner braucht sein Schlaf.

Kare: Und? Wos hod da Pfarrer gsagt?

Sepp: Der hod gsagt, dass er do vollstes Verständnis hod, owa de Glocken werdn ned abgstellt in da Nacht, hod er gsagt. Des war nämlich scho immer aso.

Kare: Do hod er aa recht! Immerhin is er a Pfarrer und da ander bloß a Preiss!

Sepp: Eben! Eventunell sogar a Fischkopf! Owa der Mensch hod koa Ruah ned gebn! Er is zum Anwalt und dann is des Ganze sogar grichtsmassig wordn!

Kare: De Anwälte hamm aa koan Charakter mehr!

Sepp: Des letzte Gschwerl! I hobs zu mein Buam gsagt: „Sei bloß froh, dass du a Schreiner werdn willst! Wennst du a Anwalt werdn daadst, i hätt mi nimmer unter Kontrolle! I kannt für nix garantiern!"

Kare: Und, wos sagta dei Filius?

Sepp:	Dem is des wurscht! Er is ja erst vier Johr olt. Aaf jeden Fall war de Grichtsverhandlung und da Richter hod entschieden, dass de Glockn weiterhin leitn derf, weil des is ortsüblich. Mei liawa, do hoda gschaut, der Herr von dem hohen Norden herab! Do hoda gschaut!
Kare:	Des glaub i, dass er do gschaut hod. Grod recht! Hoffentlich hod er koan Rechtsschutz, der Dolde!
Sepp:	Und woaßt, wos am allerbesten war? Da Richter hod gsagt, er gibt eam den Rat, dass er aaf d'Nacht zwoa, drei Holbe trinkt, dann konn er scho schloffa.
Kare:	Des hod der gsagt?
Sepp:	Des hod der gsagt!
Kare:	Oläck!
Sepp:	Des konnst laut sogn! Der Preiss hodse furchtbar aafgregt. Er hod gsagt, dass des a Skandal is, wenn a Justizbeamter einen unbescholtenen Bürger zum regelmäßigen Alkoholkonsum auffordert! Mei, hodse der aafgführt! Wie die Axt im Walde!
Kare:	Aso a Depp! Derweil hod da Richter gsagt, er soll a Bier trinka! Vo Alkohol war doch nie die Rede, oder?
Sepp:	Eben! Des hod der in sein Zorn gor ned kapiert, der Preiss. Owa woaßt wos, irgendwie hod er mir dann direkt leid do. I hobma denkt: „Sepp", hob i mir denkt, „des is ein armer Mensch! Weil Dummheit is eine Strafe und nix Böses! Und drum is der Preiss gestraft und drum muaßma eam helfa!"
Kare:	Des host du dir denkt?
Sepp:	Des hob i mir denkt! Und i bin zum Schanzer Erwin umeganga und hob gsagt: „Erwin! Du wohnst links, i wohn rechts und da Preiss wohnt in da Mitt'. Und jetza, wo er den Prozess verlorn hod, is er nervlich ziemlich firte. I daad sogn, als guade Nachbarn solltma eam helfa. Wos kanntn mir dua, dass der Mensch durch de Kirchenglocken ned aso gstört wird?"
Kare:	Und? Wos habts beschlossen?
Sepp:	Mir hamma beschlossen, dassma uns a poor Holbe kaffa, weil dann follt uns vielleicht wos ei. Des hamma beschlossen.

Kare: Des is kein schlechter Beschluss!
Sepp: Und dann hamma uns a poor Holbe kafft und tatsächlich – so zwischen da vierten und fünften – is uns die Lösung eigfolln!
Kare: Und? Erzähl! Wos is die Lösung?
Sepp: Ganz einfach: Da Erwin und i samma am naxtn Dog ins Tierheim gfohrn und jeder hodse an Hund gholt, der psychich auffällig is.
Kare: Psychisch auffällig? Wia kenntma des bei an Hund?
Sepp: De hamm ein zwanghaftes Bellbedürfnis. Du, de zwoa Hund, de belln de ganze Nacht, oana links vom Preissn, da ander rechts. Mir lassmas extra in Gartn ausse, dassmas besser hört. Und de belln so laut, dass der Preiss de Kirchenglocken nimmer hört. Des Problem Glockenlärm is erledigt, des gibts nimmer!
Kare: Ja super! Und wos sagta, da Preiss?
Sepp: Kein Wort! I schätz, der is sprachlos vor Freid, weil er so freindliche Nachbarn hod.
Kare: Do konn er aa dankbar sei, dass er als Fremder glei aso a Unterstützung hod!
Sepp: Jamei! I bin halt einfach a Menschenfreund!

Selber schuld

Sepp: Do lus Kare, wia de Weiber am Nachbartisch schimpfa! Kennst du de?
Kare: Naa, do kenn i koane davo. Über wos schimpfens denn?
Sepp: Lus halt, dann hörstas!
Frau: *Am Nachbartisch zu ihren Freundinnen:* Ich werd noch wahnsinnig! Ich habe einen Mann, der schnarcht wie ein Walross, einen Mann, der nur Fußball im Kopf hat, einen Mann, der im Haushalt eine glatte Null ist, einen Mann, der nicht zärtlich sein kann und einen Mann, der ständig die Klobrille vollpinkelt! Ich halt das nicht mehr aus!
Sepp: Selber schuld! Wos braucht denn de fünf Manner!
Kare: Genau!

Wirtschaftsexperten

Sepp: Gestern hob i in da Zeitung wos glesn von an „Wirtschaftsminuswachstum". Woaß oana vo eich, wos des is? Also mir sagt des nix.
Kare: A Wirtschaftsminuswachstum? Des hob i no nie ghört. Des konns normal gor ned gebn, weil a Wachstum, des geht doch affe und ned owe. Und drum muaß doch a Wachstum a Plus sei und koa Minus ned. Is des wirklich in da Zeitung gstandn, Sepp?
Sepp: I derf maustot umfolln, wenns ned wahr is. I hob des eigenhändig glesn!
Kare: Also für mi is des a Druckfehler!
Fonse: Des daad i aa sogn. Des is a Druckfehler. Do hamms an Schmarrn gschriebn, de Zeitungsmenschen.
Hans: Naa, des glaub i ned, dass des a Druckfehler is!
Sepp: Des glaubst du ned? Jetza brauchst bloß no sogn, dass a Wirtschaftsminuswachstum gibt!

87

Hans:	Selbstverständlich gibts des! I kenn des aus eigener Erfahrung!
Fonse:	Du? Aus eigener Erfahrung? A Wirtschaftsminuswachstum? Jetza derfst owa aafhörn!
Hans:	Wenn i dirs sog!
Kare:	Und wos soll nacha des sei?
Hans:	Wenn i aaf d'Nacht in d'Wirtschaft geh und i sog zu mein Wei, i kimm um zwölfe hoam und wenn i dann aus Versehen erst um zwoa hoamkimm, dann is sie komischerweis meistens wach.
Kare:	De mei aa!
Sepp:	Meine sowieso!
Fonse:	I bin ledig!
Hans:	Und dann schreit sie mi o: „Um zwölfe wollts'd dahoam sei und jetza kimmst daher aus da Wirtschaft! Wogscheidl, bsuffas!" De staucht mi dermaßen zamm, dass i instinktiv um zwoa Zantemedda schrumpf. Und des is dann a Wirtschaftsminuswachstum! Und heit wirds wahrscheinlich wieder oans gebn!
Alle:	Des bleibt ned aus! Prost!

Abendspaziergang

Sie:	Is des ned ein wunderbarer Abend?
Er:	Jaja, wunderbar!
Sie:	Aso a Spaziergang is guat für dei Übergwicht!
Er:	Jaja.
Sie:	Schau hi, da Mond!
Er:	Jaja, da Mond! Wunderbar!
Sie:	Er is grod am Zuanehma!
Er:	Wunderbar!
Sie:	Mei, schau hi, wia der strahlt!
Er:	Der konn leicht strahln, weil der woaß, dass er wieder abnimmt!

Schlechte Zeiten

Kare: Mei liawa, jetza derfs fei langsam wieder aufwärts geh! Mir hamma dermaßen schlechte Zeiten! Alle miaßnse eischränka, nix geht mehr. Sogar de Kriminellen wern sparsamer!
Sepp: Wia moanst jetza des?
Kare: Letzts Johr hamms bei uns in da Straß a Auto gstohln. Und heier bloß no a Mofa!

Existenzminimum

Sepp: Wos schaust denn so grantig, Fonse? Duat dir wos weh?
Fonse: Ach, i hob so einen Zorn aaf des Finanzamt! Bloß weil i a Junggsell bin, ziagn de mir Steiern o, dass nimmer feierlich is! Woaßt, wos mir no bleibt vo mein Brutto? Woaßt du des?
Sepp: Naa, i woaß des ned. Wos bleibt dir denn nacha vo dein Brutto?
Fonse: 50 Prozent! Fuchzig Prozent! Hä, konnst du dir des vorstelln? 50 Prozent fürs ganze Monat! Des geht in Richtung Existenzminimum! Und des bloß, weil i Junggsell bin!
Sepp: 50 Prozent? 50 Prozent vo dein Lohn host du im Monat für di? Zum Furtgeh, zum Schafkopfspieln, für Zigrettn?
Fonse: Genau! Gschissne 50 Prozent! Mehr bleibt mir ned! Und des bloß, weil i a Junggsell bin!
Sepp: Omei, du Glücklicher!
Fonse: Wieso Glücklicher?
Sepp: Mir bleibn ned 50 Prozent, sondern 50 Euro! Bloß weil i verheirat bin!

Zu wenig

Sepp:	Hostas glesn, Kare? Heit hamms im Supermarkt a Sonderaktion!
Kare:	Wos nacha für oane?
Sepp:	Heit is in da Spirituosenabteilung alles um 30 Prozent reduziert! Do schauma hi, ha?
Kare:	I schau do ned hi, weil des a Schmarrn is! Wenn alles um 30 Prozent reduziert is, dann hod ja da Obstler bloß no acht Prozent und da Likör is alkoholfrei!

Verwechslungsgefahr

Letzts Johr hods Christkindl bei meine Geschenke wos verwechselt. I hob mir gwünscht, dass meine Aktien steign und mei Gwicht sinkt. Und genau umkehrt is kemma. Hoffentlich passiert des heier ned. Weil heier möcht i an Kalender mit erotische Fotos vo da Heidi Klum und a CD vom Heino.

Lob vom Chef

Gestern hob i in da Zeitung glesn, dass a Umfrage gmocht wordn is unter Männern. Und zwar hamms gfragt: „Was ist Ihnen wichtiger? Ein gutes Verhältnis zu Ihrem Vorgesetzten oder ein gutes Verhältnis zu Ihrer Ehefrau?" 13 Prozent hamm geantwortet, a guads Verhältnis zum Vorgesetzten, 26 Prozent a guads Verhältnis zur Ehefrau und 62 Prozent warn ehrlich und hamm geantwortet, dass des desselbe is.

Sicherheit

Kare: Hosta's scho ghört, Sepp? Da Heinz hod jetza an Privatdetektiv beauftragt, an saudeiern! Der kost 200 Euro am Dog!
Sepp: Worum hoda nacha den beauftragt?
Kare: Weil er ned gwiss woaß, obna sei Frau betrügt!
Sepp: Do spartse da Paul an Haffa Geld! Weil der woaß gwiss, dassna sei Frau betrügt!

Die heiße Spendenquittung

Bei der letzten Weihnachtsfeier vo da Feierwehr hob i a Flaschn Marillenbrand gstift für d'Tombola. Und dafür hammsma dann a Spendenquittung gschickt. Owa scheinbar hod da Kassier ned genau gwisst, wiama „Marillen" schreibt, weil er hod gschriebn: „Wir bedanken uns herzlich für die großzügige Brandstiftung!"

Die Wirkung von Dessous

Sepp: Kare, du schaust heit so zfriedn aus. Is wos?
Kare: Omei Sepp, i sogs dir: Ein Wahnsinn! I hob mein Wei rote Dessous kafft, an BH und aso a Hoserl! Du, i hätt des nicht für möglich ghaltn, owa dadurch is unser Ehe wieder total aafgfrischt wordn! I konn dir bloß an Tipp unter Männern gebn: Probiers aa amol! Kaaf ihr aa rote Dessous!
Sepp: Ehrlich? Moanst, dass des hilft?
Kare: Hundertprozentig!
Sepp: Ja, owa i kenn doch dei Frau kaam!

Das ehrliche Kind

Knabe: Ah, Sie, derf i Sie amol wos fragen?
Lauerer: Ja, freilich! Frog ruhig!
Knabe: San Sie ned da Toni Lauerer?
Lauerer: Ja, wieso?
Knabe: Ah, Herr Lauerer, i hob grod des Buch vo Ihnen kafft! Daadn Sie vielleicht a Autogramm eineschreibn?
Lauerer: Ja selbstverständlich! Gib her, dann schreib i wos schöns eine! Wia hoaßt denn du?
Knabe: Wendelin!
Lauerer: Wendelin? Des is aber a schöner Name!
Knabe: Mir gfallda ned! In da Schul songs allaweil „Vaselin" zu mir!
Lauerer: Naa, also i find, dass des a schöner Name is! Also, Wendelin, dann schreib i: „Für den lieben Wendelin mit herzlichen Grüßen – Dein Toni Lauerer!" Passt des?
Knabe: Naa, ned! Des Buch is ja ned für mi!
Lauerer: Achso! Für wen dann?
Knabe: Für mei Oma, weil de locht über jeden Kaas!

Leit gibts!

Sepp: Woaßt Kare, wos mi furchtbar aafregt, jetza in da Vorweihnachtszeit?
Kare: De bläde Weihnachtsmuse in de Kaufheiser?
Sepp: De aa. Owa am allermeisten regt mi folgendes aaf: Do gibts Manner, de laffan in de Dog vor Weihnachten vo Gschäft zu Gschäft und kaffan überoll bloß a Kleinigkeit.
Kare: Warum des?
Sepp: Bloß dass a Gschenk kriagn! De mochan des nur, weils wissen, dass de Gschäftsleit vor Weihnachten de Kunden a Gschenk gebn!
Kare: Ekelhaft!
Sepp: Owa ehrlich! Woaßt, do gengas in a Metzgerei, in de wos normal nie einegenga und kaffan 50 Gramm Streichwurst oder oa Wiener in da Hoffnung, dass a Stang Salami gschenkt kriagn oder a Drumm Greicherts! In da Bäckerei kaffans zwoa Kaisersemmeln und lassense an kompletten Stollen schenka!
Kare: Ja pfui Deifl! Wos san denn des für Manner! Peinlich!
Sepp: Owa dodal peinlich! I dua sowos nie! I schick do immer mei Frau!

Strenge Sitten

Vater: Ja sog amol Kurti, jetza host scho wieder an Fünfer in da Matheschulaufgab! Des gibts doch ned!
Kurti: Des gibts scho! Außerdem hob i fünf plus! In da letztn Schulaufgab hob i no an normalen Fünfer ghabt!
Vater: Red ned so dumm daher! Schau liawa, dass du bessere Noten kriagst!
Kurti: Jamei, wenns so schwierig is! I kapier des einfach ned!

Vater:	Du muaßt di mehr ostrenga! Vo nix kimmt nix, Übung macht den Meister, der Mensch denkt, Gott lenkt!
Kurti:	Ha?
Vater:	Schau mi o: I hob mi damals higsetzt, hob de Schulaufgabe genau ogschaut und dann hob i mei Hirn eigschalt. I hob nochdenkt, bis mir da Kopf graucht hod und dann howes kinnt. Genau aso muaßtas du aa mocha! Da Kopf muaß raucha!
Kurti:	Des derf i ja ned!
Vater:	Aso a Schmarrn! Wieso derfst du des ned?
Kurti:	Weil bei uns in da Schul is Rauchverbot!

Biorhythmus

Er:	Glaubstas, so ein Sauwetter! Jetza is Mitte Januar und es hod acht Grad plus und es rengt! Des Wetter spinnt dodal!
Sie:	Jamei, des konnma ned ändern!
Er:	Mi ärgerts ja bloß, weil i jeden Dog um punkt sechse wach werd! Mei Körper is nämlich Mitte Januar aaf Schneeraama eigstellt, des is da Biorhythmus! Owa es is koa Schnee do zum raama. I werd praktisch umasunst wach. Völlig sinnlos! Bloß weil des Wetter spinnt!
Sie:	Also wennst scho wach wirst, dann kanntst doch du amol aafsteh und für d'Kinder Frühstück mocha und's Pausenbrot herrichtn!
Er:	Do host jetza wos verwechselt! I hob gsagt, dass's Wetter spinnt und ned, dass i spinn!

Das todsichere System

Sepp: Mei Nachbar geht fei regelmäßig in d'Spielbank!
Kare: Ah geh!
Sepp: Und wos da Hammer is: Der kimmt jedesmol mit 2000 Euro hoam!
Kare: Jedesmol?
Sepp: Jedesmol! I bin scho direkt neidisch worn. I hob normal nix gega eam, owa i hob mir denkt: Ja sog amol, muaß des sei, dass der jedesmol mit 2000 Euro vo da Spielbank hoamkimmt?
Kare: Do versteh i di, Sepp! Des daad mir aaf Dauer aa stinka.
Sepp: Owa jetza stinkts mir nimmer. Weil i woaß inzwischen, wia der des mocht!
Kare: Wia mochtas denn nacha?
Sepp: Er geht mit 3000 Euro in d'Spielbank eine!

Taxifahrt in Berlin

Fahrer:	Juten Abend, die Herren! Steigen Sie ein! Wo solls denn hinjehn?
Franz:	Ah ... Moment! Du Xare, wia hoaßt unser Hotel?
Xaver:	Wos?
Franz:	Do woma mir wohna, wia des hoaßt!
Xaver:	Rote Wilma!
Franz:	Ins Hotel Rote Wilma möchtma!
Fahrer:	Rote Wilma? Det Hotel hab ick noch nie jehört. Stimmt det wirklich so, Rote Wilma?
Franz:	Also eigentlich is des mehr a Pension, für a Hotel is des z'kloa. De hamm do so Kammerln zum Übernachtn, a drei, a viere.
Fahrer:	Wat hamm die?
Xaver:	Die haben so drei, vier Kämmerlein, da wo wir übernachten tun!
Fahrer:	Und det Etablissement heeßt Rote Wilma?
Xaver:	Naa, det ned! De Wirtin, dera wos des Haus ghört, de hoaßt Rote Wilma! Also Wilma Rote praktisch, des is ihra Nam!
Fahrer:	Ach so! Die jute Frau heeßt Wilma Rote. Na, det bringt uns allerdings nich weita! Mir sind zwar alle Straßen in Berlin jeläufig, aber die Namen vo de Leute hab ich nich im Koppe, wa!
Franz:	Wos sagta?
Xaver:	I woaß aa ned. Des is koa Deitscher ned. I versteh eam bloß schemenhaft. *Zum Fahrer:* Was du wissen wollen?
Fahrer:	Hammse die Straße von det Etablissement? Wennse mir die Straße und die Hausnummer sajen können, dann chauffier ick sie in Nullkommanix hin!
Franz:	Woaßt du de Straß, Xare?
Xaver:	Mei, de woaß i jetza momentan aa ned so schlagartig!
Fahrer:	Sie kommen aus Bayern, wa?
Xaver:	Jaja, vo Bayern samma mir!
Fahrer:	Wo da?
Xaver:	Woda?

Franz:	Woda? Wos is Woda?
Fahrer:	Von wo Sie da herkommen, Bayern ist groß!
Xaver:	Ach so! Mir samma vo Untergreisling!
Franz:	Vo Untergreisling samma!
Fahrer:	Nie jehört. Det kenn ick nich. Is da ne größere Stadt in der Nähe? München oder so?
Franz:	Dunznhausen!
Xaver:	Kennst des? Des is eigentlich recht bekannt!
Fahrer:	Nee, det is mir ooch keen Begriff.
Franz:	No geh, des kennt doch a jeder! Do gibts doch de berühmte Sage vom Dunznhausener Sauschädl!
Fahrer:	Vom Dunznhausener Sauschädl? Ja um Jottes Willen, wat is dat denn?
Xaver:	Des war aso: Do hod angeblich amol vor langer Zeit a Bauer a Dirn ghabt, a recht a migade!
Fahrer:	Wat?
Franz:	Ein Landwirt, ein Ökonom ...
Fahrer:	Jaja, ick versteh schon, ein Bauer!
Franz:	Genau! Und der hatte eine Dirne, eine recht eine mögerte!
Fahrer:	Naja, det soll ja mal vorkommen, wa? Hähä! Ooch Ökonomen hamm jelegentlich Triebe, wa!
Xaver:	Ja, genau. Aaf jeden Fall hod der Bauer de Dirn, weilsna ned lassn hod und zu eam gsagt hod „geh weg, du Sau", wega dem hod er de Dirn a ganze Wocha im Saustoll eigspirrt. Dog und Nacht bei de Sei, des is fei ned einfach! Wos glaubst, wias do stinkt! Do stinkts wia d'Sau!
Franz:	Is ja logisch, is ja a Saustoll!
Xaver:	Ja eben!
Fahrer:	Wat? Ick versteh nur Bahnhof!
Xaver:	Ned Bahnhof, Saustoll!
Fahrer:	Naja, is ja ooch ejal! Erzähln se weita! Wat is dann passiert?
Xaver:	Jetza kimmts: De Dirn, de hod aaf den Bauern aso an Zorn ghabt und hodna verwunschen! Do schaust, ha?
Fahrer:	Ick weeß zwar überhaupt nich, wovonse reden, aber machense ruhig weiter, es hört sich jut an!

Xaver:	Sie hod im Saustoll in da Nacht alle guatn und bösn Geister beschworn und hod gsagt: "I wünsch mir, dass da Bauer, de Sau, morgen in da Friah aufwacht und an Sauschädl hod! Sein Leben lang!" Und obstas glaubst oder ned, am naxtn Dog in da Friah hod da Bauer einen Sauschädl ghabt! Aso is überliefert seit Generationen. Wahnsinn, ha?
Fahrer:	Det hab ich jetze beinahe kapiert. Det war quasi'n Fluch oder so, wa?
Xaver:	Genau, der war vofluacht, der Krippl, der elendige!
Fahrer:	Starke Story! Ich hätte aber noch ne Frage: Wat is'n Sauschädl?
Franz:	Des is da Kopf vonana Sau! Schweinekopf!
Fahrer:	Ach so! Na, det is ganz schön brutal, wennde uffstehst und juckst in Spiegel und da kiekt ne Sau raus! Det is nich anjenehm!
Xaver:	Des konnst laut sogn! Und zur Erinnerung an des Vorkommnis hamms in Dunznhausen alle Johr des historische Volksschauspiel „Der Dunznhausener Sauschädl". Insgesamt zehn Aufführungen mit anschließendem Volksfestbetrieb.
Fahrer:	Ach wat!
Xaver:	Ja! Den Bauern spielt allaweil a honoriger Mensch aus Dunznhausen, a CSU-Stadtrat oder so. Und de Dirn, des muaß a unbescholtene Jungfrau sei. Heier zum Beispiel wars d'Jacqueline, de jüngste Tochter vom Protzn-Bauern.
Franz:	Also de Protzn Jacqueline war super! Dodal glaubwürdig! Wia de aso im Saustoll dringsessn is und hod gwoant – einmalig! Wia a Model! Aus dera wird no wos!
Xaver:	Genau! Weil singa konns aa!
Fahrer:	Find ick klasse, bringt uns aber nich weita, wat euer Fahrziel anjeht.
Franz:	Do hod er recht. Xare, Mensch Meier, woaßt du den Nam vo dera Straß nimmer?
Xaver:	Glaubst, mir daad des eifolln! I hobs im Kopf, owa i konns ned sogn!

Franz:	Halt, jetza woaßes wieder! Wasserstraße hoaßts! Wia du gsagt host, dassdas im Kopf host, isma wieder eigfolln: Wasser! Wasserstraße 86. D'Hausnummer hob i mir gmirkt, weil i hob mir denkt, do denk i einfach an des tragische Ereignis.
Xaver:	Wos war nacha 1986 für a tragisches Ereignis?
Franz:	Do hob i gheirat!
Xaver:	Hähähä! A Hund bist scho, Franze! *Zum Taxifahrer:* A Hund isa scho, ha?
Fahrer:	Ick find eueren Dialekt einfach Spitze! Ick versteh' zwar fast nüscht, aber es hört sich supi an, wat ihr da so rauslasst!
Franz:	Jaja! Wo bist nacha du her?
Fahrer:	Ick bin jebürtiger Spandauer!
Franz:	Do schau her! Und wia lang bist nacha scho in Deitschland?
Fahrer:	Wie meenste dat jetzt?
Franz:	Is o wurscht! Aaf jeden Fall gfreima uns, dassma jetza mit'n Taxi in d'Pension fohrn kinna. Mir warma heit den ganzn Dog unterwegs, z'Fuaß! I gspür meine Haxn scho nimmer!
Xaver:	I de mein aa!
Fahrer:	Toll! Ick versteh' keen Wort! Wat is mit de Haxn? Jehts da wieder um den Sauschädl oder wat?
Xaver:	Naa! Unsere Haxn duan uns weh! Unsere Fiaß!
Fahrer:	Ach so, die Füße! Seid ihr wohl zu ville rumjelatscht heute, wa?
Franz:	Omei! Frage nicht!
Xaver:	I hob drei Blodern!
Fahrer:	Wat haste?
Xaver:	Drei Blasen habe ich!
Fahrer:	Oh Jott! Da würde ich aber bald mal zum Urologen jehn! Det hört sich nich jut an mit de drei Blasen!
Xaver:	Naa! An de Fiaß hob i drei Blasen! Vom vülen Gehen!
Franz:	Eam schau o! Zum Urologen daad er geh zwecks de drei Blodern! Also ganz sauber is der ned!
Xaver:	Naa, der hod mi ja falsch verstandn! Er hod gmoant, i hob de drei Blodern im Bauch. Blasen! Do woma bieslt!

Franz:	Ach so! Jetza kapieres erst! Drei Blasen! Hahaha! Der hod gmoant, du host drei Blasen! Hahaha! Aso a Vogl! Ja kruzenäsn, i werd nimmer! Hahaha! Drei Blasen! Er! Ja gibts des aa!
Fahrer:	*Zu Xaver:* Wat hat er denn? Warum lacht er denn so, der Kollege?
Xaver:	Mei, den gfreit's Lebn! Ihn gefreut das Leben!
Fahrer:	Dat find ich jut, wenn jemand so lebenslustig ist!
Xaver:	Gell!
Fahrer:	Und wat führt euch beede nach Berlin, wenn ick frajen darf?
Franz:	*Immer noch außer sich:* Hahaha! Drei Blodern! I holts ned aus! Mi zreissts glei!
Xaver:	I hob beim Feierwehrfest bei da dortigen Tombola den ersten Preis gwonna! Drei Tage Berlin für zwei Personen!
Fahrer:	Und als Junggeselle haste deinen besten Kumpel mitjenommen, wa?
Xaver:	Naa, naa, i bin scho verheirat! Owa i hob mir denkt: „Wos daad jetza mei Wei z'Berlin?" Und drum hob i'n Franz mitgnumma, weil mit dem wirds wenigstens lustig!
Fahrer:	Dat find ich nobel von dir! Und die Jattin hat nich jeschimpft?
Franz:	Naa, de mocht mit da mein a Wellnesswochenende in Bad Füssing! Do sans guat aafghobn und mir hamma unser Ruah! Ja glaubst denn du, i fohr mit mein Wei aaf Berlin? Glaubst denn du, i möcht den ganzn Dog in Modegschäfta umanandarenna? I bin doch ned bläd!
Xaver:	Do bleib i liawa glei dahoam!
Fahrer:	Det hab ick jetze alles verstanden und ick muß sagen, ihr habt vollkommen recht! Det sehe ick ooch so. Und habta det Brandenburger Tor schon jesehn?
Franz:	Naa, Fußball interessiert uns ned!
Fahrer:	Nee, det hat mit Fußball nüscht zu tun! Det is'n Bauwerk, wa! Det is historisch, ein nationales Denkmal is det. So'n riesiges Tor mit Pferden oben druff.
Xaver:	Ach, des is des!
Franz:	Wos is des?

Xaver:	Des is des, do wo du dir de Currywurscht kafft host! Do war doch glei danebn aso a drumm Tor! So dreckig grau.
Franz:	Moanst du de Currywurscht bei dem Verkäufer, der wo so schlecht gseng hod?
Xaver:	Genau!
Fahrer:	Wat war mit dem Verkäufer?
Franz:	Der hat ganz schlecht gesehen mit den Augen! I sog zu eam, dass i a Semmel mit zwoa Fleischpflanzln möcht, sagt er: „Fleischpflanzl? Hammwa nich!" Sog i: „Hä Mo, bist du blind oder wos? Do aaf dein Grill liegn doch zwoa Fleischpflanzl!" Du, der hod de nicht gseng! Der hod gsagt, aaf dem Grill liegn bloß Currywürscht und Buletten! I hob dann gsagt: „Gibma a Currywurscht, du blinder Brem!" I streit mi doch ned mit dem owe, bloß weil der schlechte Augn hod, oder?
Fahrer:	Ick kann dir nich ganz folgen, juter Mann!
Xaver:	Is o wurscht! Aaf jeden Fall war des des Brandenburger Tor, Franz.
Franz:	Aha!
Fahrer:	Und? Wat sagste dazu?
Franz:	Mei, a Tor halt!
Fahrer:	Und den Alex? Habt ihr den jesehn?
Xaver:	Den kenn i gor ned, wer isen des?
Franz:	Alex sagt mir jetza momentan aa nix.
Fahrer:	Nee, dat is keine Person, dat is'n Platz, der Alexanderplatz! Weltberühmt!
Franz:	Also do bin i jetza überfragt. I hob den ned gseng!
Xaver:	Doch Franz, den hamma scho gseng! Des war doch do, woma uns a Weißbier und an Früchtebecher kafft hamm in dem Straßencafé!
Franz:	Mit dera ungarischen Bedienung? De wos gsagt hod: „Bittäschään! Zwei Früchtäbächäär!"
Xaver:	Genau! Also rein optisch war de vom Plattensee. Ned unsauber, owa null Busn! Hähähä! Verstehst scho, Plattensee!
Fahrer:	Jaja, ick vasteh dir schon! Die hatte Kaholzfordahütten, wie ihr in Bayern sagt, wa?
Xaver:	Genau! Schau her, du konnst ja direkt bayrisch!

Fahrer:	*Stolz:* Ochkatzlschwoof!
Xaver:	Super! Oachkatzlschwoaf konn er aa scho! Du bist ja direkt a Talent! Wo hosten des glernt?
Fahrer:	Naja, man hat ja öfter Fahrgäste aus Bayern, wa. Und da lernt man immer wieder'n bisschen wat.
Franz:	Nicht schlecht, Herr Specht!
Fahrer:	Wart ihr ooch beim Reichstag?
Franz:	Reichstag? Reichstag? Irgendwie sagt mir des wos. Xaver, hilfma, i kimm ned draaf!
Xaver:	Reichstag? Hm …, war des ned ganz in der Nähe vo dem Stand, woma uns den Döner kafft hamm und des Cola?
Franz:	Genau! Jetza woaßes wieder! Do hamma uns den Döner kafft und dann hamma doch den Türken gfragt, wos des für a drumm Haus is mit dera deitschn Fahna. Und der hod dann gsagt: „De is de Reichstag von de Bündesrepüblük! De is de Sentrum von de Macht!"
Xaver:	Der hod zwar an komischen Dialekt ghabt, owa man hodna verstandn. Manche Leit hamm einfach an seltsamer Dialekt, do kinnans ja nix dafür. Und sei Döner war in Ordnung. Zwoa Euro, do konnma nix sogn!
Franz:	Einwandfrei! Und nicht zu scharf! Human!
Fahrer:	Det freut mich! Und wart ihr ooch auf'm Kudamm?
Franz:	Wos für a Kuh?
Fahrer:	Ick meine den Kurfürstendamm. Det is ooch'n Wahrzeichen von Berlin. Den muss man jesehen haben!
Xaver:	Franz, den hamma scho gseng! Des war do, woma uns de Bratwurschtsemmel kafft hamm und des Dosenbier. Woaßt scho, do hod uns doch de Verkäuferin bedient, de so brutal guat ausgschaut hod!
Franz:	Ach de! Mi host ghaut, des war vielleicht ein heißes Gerät! Mi hätt eigentlich gar ned ghungert noch dem drumm Döner.
Xaver:	Mi aa ned, owa i hob mir denkt: „Dera muaß i einfach wos abkaffa!"
Franz:	I aa! *Zum Fahrer:* Im Gegensatz zu dera ungarischen Bedienung war des a recht a duddade!
Fahrer:	Eine wat?

Xaver:	Eine Vollbusige! „Tutterte" sagen wir in Bayern!
Fahrer:	Ach so! Haha! Alles klar, Jungs! Da kooft man gerne mal 'ne Bratwurst, wenn sie einem mit soviel Esprit serviert wird!
Franz:	Also mir hodses mit Senft serviert!
Fahrer:	Sehr originell! Haha!
Franz:	*Verständnislos:* Hahaha!
Fahrer:	Naja, dann seid ihr ja viel rumgekommen! Habt ihr ooch den Checkpoint Charlie jesehn?
Xaver:	Wer is nacha des?
Franz:	Vom Nam her a Ausländer!
Fahrer:	Nee nee, det is der ehemalige amerikanische Kontrollpunkt vor der Mauer! Det is'n historischer Platz! Hochpolitisch!
Franz:	Soso!
Xaver:	Hm …, Franz, warma mir do?
Franz:	War des ned do, woma beim Mittagessn warn?
Xaver:	I glaub scho. *Zum Fahrer:* Gibts do ned so Andenken? So olts Militärglump? Russische Pelzkappn und so an Zeig?
Fahrer:	Jenau! Da jibts jede Menge Souvenierläden und -stände!
Franz:	Segstas, i hobs doch gwisst! Do hob i ein wunderbares Rehragout gessn mit Semmelknödeln!
Xaver:	Und i a Ente mit Blaukraut und Fingernudeln! De war in Ordnung!
Franz:	Also den Checkpoint Charlie, den konnma weiterempfehlen. Do ißtma guat und billig!
Fahrer:	Und wie hat das Lokal jeheißen?
Xaver:	Mei, des woaß i nimmer. Alles konnmase ned mirka! I woaß bloß no, dass a dunkls Weizen 3 Euro und 60 Cent kost hod.
Franz:	Des is aa im Rahmen. Für Berlin!
Fahrer:	Naja, is ja ooch ejal! So, meine Herren, gleich hammwas jeschafft! Da vorne nach der Ampel kommt schon die Wasserstraße. Dann wünsche ick Ihnen noch einen schönen Abend, wa!
Franz:	Dankschön! Noja, viel werma nimmer zreißn heit! Oder, Xare?

Xaver:	Mei, a gscheits Abendessen werma uns no kaffa und poor Holbe und dann gemma ins Bett. Weil morgen is ja aa no a Dog!
Fahrer:	Det will ick meinen! Wat steht morgen auf dem Programm? Museen, Tiergarten?
Xaver:	Naa, gseng hamma heit scho gnua. De Umanandalafferei mocht miad und hungrig. Morgen lassmas gmiatlich ogeh und kaffma uns amol wos Gscheits zum Essn! Des muaß aa amol sei, ned bloß allaweil de Kultur, oder?
Fahrer:	Da haste recht! So, da wären wir. Det macht 12 Euro und vierzig Cent.
Xaver:	Schau her, do host an Zwanzger! Gibstma 7 Euro und 60 aussa, dann passt de Sach!
Fahrer:	Vielen Dank, die Herren!
Xaver:	Gern geschehen! Servus nacha!
Fahrer:	Tschüss!
Franz:	Moment no! Du möchst doch allaweil wos bayrischs lerna. Sog amol „Dausend dodal damische Deifln"!
Fahrer:	Dausendodldaamischteiffl.
Franz:	Nicht schlecht! Segstas, host scho wieder wos glernt!
Fahrer:	Und wat heißt det auf Deutsch?
Franz:	Talkshow!

Beim Orthopäden

Arzt: So, grüß Gott! Wo fehlt es denn?
Daxnbauer: Es is aso, Herr Doktor: Mi juckts allaweil aso. Des is bald nimmer zum aushaltn! Aso ein Juckreiz is des! Und zwar direkt zwischen de Zehern!
Arzt: Aha! Sonst nirgends? Nur zwischen den Zehen?
Daxnbauer: Nur! Sunst nirgends! Des is komisch, gell?
Arzt: Naja, dann schaun wir mal. Ziehen Sie bitte die Schuhe und die Strümpfe aus!
Daxnbauer: Jawoll, Herr Doktor! *Zieht Schuhe und Strümpfe aus.* So, bittschön!
Arzt: Ja um Gottes Willen! Haben Sie schmutzige Füße! Da ist es natürlich klar, dass Sie zwischen den Zehen einen Juckreiz verspüren! Durch den Dreck und den Schweiß ist ja schon die Haut zwischen den Zehen geschädigt, ganz rot und entzündet! Und das ergibt dann den unerträglichen Juckreiz! Einen bestialischen Gestank übrigens auch!
Daxnbauer: Aha! Und do sans ganz sicher?
Arzt: Ja natürlich! Sie brauchen sich nur gründlich die Füße zu waschen, dann verschwindet der Juckreiz von selber!
Daxnbauer: Hoda also doch recht ghabt!
Arzt: Wer hat recht gehabt?
Daxnbauer: Mei Hausarzt! Der hod nämlich genau's Gleiche gsagt. Owa i wollt vorsichtshalber no de Meinung von an Fachmann hörn!

Aprilwetter

Feriengast: Guten Tach! Also, das ist vielleicht ein Sauwetter!
Gastwirt: Wos derfs denn sei?
Feriengast: Einen Tee bitte! Sagen Sie, regnet es hier bei Ihnen immer so im Mai?
Gastwirt: Naa naa, allaweil ned! Des waar ja schlimm! Manchmal schneibts aa!

Moderne Krankheit

Vater: Heinzi kimm, mir fohrma schnell zu da Oma!
Heinzi: Ach Mensch! Worum denn?
Vater: Sie hod ogruafa, dassma kemma solln, weil sie hod an Virus!
Heinzi: Wos, d'Oma hod an Virus? I hob gor ned gwisst, dass de an Computer hod!

Der lange Winter

Sepp: Also, der Winter heier, der erinnert mi an mei Schwiegermuada!
Kare: Wia des?
Sepp: De kimmt aa allaweil daher, wennma nimmer damit rechnet. Und dann bleibts so lang, dassma froh is, wenns wieder geht!

Messeneuheiten

Sepp: Du Kare, i war letzts Wochenende aaf da Frankfurter Buchmesse!
Kare: Vo mir aus!
Sepp: Des war super! Do gibts de allerneiesten Biacher!
Kare: Aha!
Sepp: Letzts Johr war i aaf da Computermesse in Hannover, aaf da CEBIT! Do hodma de neiesten Computer und Bildschirme und Drucker gseng!
Kare: Soso.
Sepp: Ja. Und woaßt wos? Naxts Johr möcht' i zu da Freizeitmesse „Caravan und Boot" noch München! Do gibts de neiesten Freizeittrends!
Kare: Wos'd ned sagst!
Sepp: Magst ned mitfohrn?
Kare: I? Naa!
Sepp: Ja sog amol, host du koa Interesse für de neiesten Entwicklungen?
Kare: Scho, owa do brauch i ned in da Weltgschicht umanadafohrn. Do glangt mir de Messe bei uns!
Sepp: Ha? Wos für a Messe bei uns?
Kare: Jeden Sonntag in da Kircha de Achtermesse. Wenn de aus is, dann hörst du des Allerneieste! Am letzten Sonntag zum Beispiel hamms erzählt, dass da Kruzn Alfons bei deiner Frau war, wias'd aaf da Buchmesse in Frankfurt warst!

Brutale Spiele

Sepp: Du Kare, i sog dir oans: Es gibt keinen brutaleren Sport wia Eishockey! Ja mi host ghaut, is des brutal!
Kare: Wia kimmst jetza aaf des?
Sepp: Weil i gestern's erste Mol in mein Leben bei an Eishockey-Spiel war. Ja kruzenäsn, gehts do zua! Du, de hamm grafft! Mit de Schläger hamm de aafananda eidroschn! Haut der oane dem andern sein Mundschutz zamm und scho warn drei Zähn weg! Sowos brutals!
Kare: Drei Zähn! Dass i ned loch! Des is ja nor gar nix! Gestern beim Schafkopf hod mir oana d'Grünsau zammghaut! Do warn 31 Augn weg!
Sepp: Brutal!

Mit Carving gehts von selbst

Jetza hob i nach langer Zeit wieder's Schifahrn ogfangt, i olter Esl! Letzte Wocha bin i des erste Mol wieder gfahrn, nach 18 Johrn! Des war vielleicht ein Gfetz! I war mit meine oltn Brettln dermaßen unsicher! Kaam hod mi a anderer berührt, hods mi scho highaut. I glaub, i bin einfach scho z'olt.
I hobs dann'n Kare erzählt und der hod gsagt, am Alter liegt des ned, des liegt an de Schi. „Du muaßt dir de neia Carving-Schi kaffa", hoda gsagt, „dann gehts vo selber!"
I hobma natürlich sofort Carving-Schi zuaglegt und siehe da: Da Kare hod recht ghabt. Mit denen gehts vo selber! Do hauts mi scho hi, bevor dass mi a anderer berührt!

Der Mensch, vor allem der männliche Mensch, braucht gelegentlich ein Ventil, um den aufgestauten „Grant", wie wir Bayern sagen, loszuwerden. Ungünstig ist es erfahrungsgemäß, die Gattin als Ventil zu benutzen, da diese einen berechtigten Missmut gleich als böswillige, chronische Übellaunigkeit deutet. Dies gipfelt zumeist in dem weinerlichen Pauschalvorwurf: „Du lasst dein Zorn allaweil an mir aus!"
Viel mehr Verständnis findet man dagegen am Stammtisch! Unter Gleichgesinnten, die ebenfalls empört sind über die sozialen, politischen, meteorologischen, kulturellen und sexuellen Missstände der heutigen Zeit, kann man seinem Frust freien Lauf lassen. Anstatt unberechtigter Kritik erntet man hier breite Zustimmung. Besonders befriedigend für das seelische Gleichgewicht ist es, wenn es um gemeinsame Feindbilder geht wie zum Beispiel

Das Gschwerl

Kurt: Habts gestern de Talkshow gseng mit dem Vaterschaftstest?
Kare: Wos für oane moanst jetza genau? Weil a Vaterschaftstest kimmt ja praktisch in jeder Talkshow vor.
Kurt: Do host du recht! I moan de, do wo des siebzehnjährige Deandl a Kind kriagt hod und sie sagt, da Voda is da Discjockey und der sagt, des is er ned, weil er hod bloß oamol wos mit ihr ghabt und da Türsteher vo da Disco dreimol. Drum is da Voda rein vo da Statistik her da Türsteher, sagt da Discjockey.
Heinz: Lauter Gschwerl! Do wennst alle in oan Sack einesteckst und haust mit an drumm Prügel drauf, dann derwischst du nie den Falschen!
Kurt: Owa ehrlich! Den Türsteher wennst scho ogschaut host, dann war dir klar: Des is ein Verbrecher hoch drei! 20 Johr und tätowiert vom Fuaß bis zum Schädl!
Kare: Ach den moanst! Der wos am Hirn obn tätowiert war! Den hob i aa gseng! „Brain" is do am Hirn obngstandn! Des is wahrscheinlich sei Nam, weil des war a Amerikaner. Und z'Amerika hoaßns oft „Brain"!

Heinz:	Moment amol: Schreibtma des ned „Brian"?
Kurt:	Genau! Des schreibtma „Brian"! Do segst, wos des für ein Volldepp is! Konn ned amol sein Nam schreim und dann hoda'n no am Hirn obn!
Kare:	Dass a jeder segt, wia bläd dass er is! Omei, armes Deutschland! Beziehungsweise Amerika!
Kurt:	Lauter Gschwerl! Und aa des Publikum: Nur Gschwerl!
Kare:	Des is doch klar! Wer hod denn Zeit, dassase mittn unterm Dog in a Studio einesitzt, wer denn?
Heinz:	's Gschwerl natürlich!
Kare:	Eben! De Zuschauer wennst bloß oschaust, dann glangts dir scho! Kaasweiß sans, zaudirr und ozogn wia de Hoderlumpen!
Kurt:	Des kimmt vo de Drogen! De san alle süchtig!
Kare:	Sowieso! Do hockens dann in da Fußgängerzone mit an Schildl: „Möchte eine Leberkässemmel, habe kein Geld!" oder so wos ähnlichs. Und kaam gibst denen a Geld, wird a Joint kafft! Aso schauts nämlich aus!
Heinz:	Wia i des letzte Mol in München war, hob i zu so oam gsagt: „Schau her, guada Mo, do host a Breznstangerl! Lass dirs schmecka!"
Kare:	Und?
Heinz:	Er hod gsagt, des is nett, owa a Bargeld waar eam liawa.
Kare:	Do segstas! Denen gehts nur um Drogen! Dem is doch dei Breznstangerl aaf deitsch gsagt wurscht!
Kurt:	Dem konnst du de feinsten Speisen histelln, zum Beispiel a Currywurscht, der rührt des nicht o. Dem gehts nur um Drogen! Und de Zuschauer in de Talkshows, des san de gleichen!
Kare:	Gschwerl, Gsocks und Gsindel! Mir wennst ned gangst!
Heinz:	Und wer war jetza da Voda vo dem Kind? Da Discjockey oder da Türsteher?
Kurt:	Weder noch! Des war im Endeffekt dodal verzwickt! Weil sie hod vergessen ghabt, dass sie mit dem Hausmeister vo da Disco aa wos ghabt hod. Des war ihr momentan entfallen! Und wos des pikante is: Der Hausmeister, der war mit dem Türsteher verwandt!
Heinz:	Jetza wirds owa hint höher wia vorn!

Kare:	Naa Kurt, verwandt warn de zwoa ned! Des war aso: Da Bruada vom Türsteher war da Ex-Kollege vom Hausmeister, weil de warn früher beim gleichen Pizza-Service beschäftigt!
Kurt:	Ach ja, genau! Aso wars!
Heinz:	Und wer war jetza da Voda vo dem Kind? Da Türsteher, da Discjockey oder da Hausmeister?
Kurt:	Moment! Nur ned hudeln! Es kimmt no besser! De drei warns nämlich alle ned! De hamm an Test gmacht, den hod da Fernsehsender zahlt und do hodse aussagstellt, dass alle drei als Vater auscheiden mit einer Wahrscheinlichkeit von 100 Prozent!
Kare:	I glaub, es warn bloß 99,999 Prozent!
Kurt:	Des is jetza aa wurscht! Aaf jeden Fall hod de ganz schee bläd gschaut! Und de drei Kandidaten hamm de höchste Gaude ghabt! Da Discjockey hod zu ihr gsagt: „Segstas, jetza hostas!"
Kare:	Also, des is fei scho gemein!
Heinz:	Gschwerl, dreckigs! De hamm koan Anstand! Z'erst mochans dem Deandl a Kind und dann redns dumm daher!
Kurt:	Naa, de drei hamm ja des Kind ned gmocht!
Heinz:	Gschwerl bleibt Gschwerl! Do konn oana sogn wos er mog! Und wer war nacha dann da Voda?
Kurt:	Nacha hamms des Deandl an an Lügendetektor ogschlossn und hamms gfragt, mit wem dass no wos ghabt hod. Und siehe da, dann is ihr da Nasif eigfolln!
Heinz:	Wer?
Kare:	Da Nasif! Des is da Barkeeper vo da Disco! Mit dem hods oamol wos ghabt. Und zwar an dem Dog, an dem da Discjockey an Termin beim Bewährungshelfer ghabt hod. Do war sie einsam und dann war halt da Nasif do und mit dem hod sie ein total intensives Gespräch ghabt …
Kurt:	Über Piercings!
Kare:	Genau! Und noch dem Gespräch hodse dann des mit dem Kind ergeben. Owa des hod sie vergessen ghabt, weil des war bloß a einmalige Sach. Und außerdem hätt sie nie glaubt, dass sie vom Nasif schwanger werdn

	kannt, weil normal is der eigentlich schwul. Zumindest a wengerl.
Heinz:	Ja verreck!
Kurt:	Wahnsinn, ha?
Heinz:	Also, mi wundert nix mehr! Gibts denn aaf dera Welt überhaupt koa Werte mehr? I konn doch als jungs Deandl ned glei mit'n Barkeeper wos ofanga, bloß weil da Discjockey zufällig ned do is, oder? Wo samma denn!
Kare:	Genau! Do waar ja da Türsteher no gscheida gwen, weil mit dem hods wenigstens scho vorher amol wos ghabt!
Kurt:	Des Gschwerl kennt koane Schranken mehr! Für mi is sowos unbegreiflich! Schauts her, wenn i do mi oschau: I hobme beherrscht als junger Mensch! I hob zu meiner Monika gsagt: „Monika, wennst du vor da Ehe ned willst, dann halt i mi zruck!" Weil mir hamm no an Charakter ghabt! Und wiama dann gheirat hamm vor 16 Johr, do war dann de Hochzeitsnacht wos ganz wos Bsonders! I sogs oft zu mein Buam: „Rüdiger", sog i, „dua langsam mit da Sexualität! Umso später, umso besser!" Er is erst 17 Johr, do hod er no Zeit gnua!
Heinz:	Do host du vollkommen recht! Unseroaner hod holt no Werte! Owa des Gschwerl in de Talkshows, des woaß gar ned, wos Werte san! De hamm keine Moral!
Kare:	Und koa Hirn! Ned amol sein Nam konn der Lalle schreim! „Brain" steht aaf sein Hirn obn anstatt „Brian"! Do wundert mi nix mehr!
Heinz:	Und wer kimmt für des Kind aaf? Zahlt er wenigstens, da Naiv?
Kurt:	Nasif!
Heinz:	Ach ja, Nasif! Zahlt er wenigstens?
Kurt:	Er sagt, es is schwierig. Weil als Hausmeister hod er 510 Euro netto im Monat. Er zahlt 250 Euro Miete und 280 Euro Leasingrate für sein BMW, des san insgesamt 530 Euro. Und den Rest braucht er zum leben.
Kare:	Ja guat, viel bleibt do nimmer.
Kurt:	Gottseidank kümmertse d'Muada vo dem Deandl um des Kind, weil's Deandl hod ja koa Zeit ned.
Heinz:	Warum hod de koa Zeit ned?

Kurt:	Weil sie is Go-Go-Tänzerin in dera Disco, da wo da Nasif Barkeeper is. Do muaß sie in da Nacht orwatn und am Dog schloffa.
Heinz:	Wos is de? A Goggo-Tänzerin? War des ned in de 60-er Johrn aso a kloans Auto?
Kare:	Naa, des is wieder wos anders! Go-Go-Tänzerinnen, des san so Deandln, de san in an Käfig drin, hamm fast nix an und draahnse a weng hi und her.
Heinz:	Und dann?
Kurt:	Nix dann! Des is alles.
Heinz:	Und warum san de in an Käfig drin?
Kurt:	Dass koana higlanga konn!
Heinz:	Lauter Gschwerl! Des wenn mei Deandl daad, mei liawa, do gabs wos! Mei Deandl in an Käfig, fast nix an! Mei liawa, aus waars!
Kurt:	Ja guat, de Gefahr besteht bei deiner Tochter weniger, weil sie is an Meter fuchzge groß und hod grob gschatzt 80 Kilo. Des is für a Go-Go-Tänzerin vo da Figur her ned ideal.
Heinz:	Wia moanst jetza des?
Kurt:	Sie is einfach z'kloa!
Heinz:	Gottseidank! Dann kimmts wenigstens ned aaf dumme Gedanken! Mensch, is des eine versaute Welt heitzudogs! Lauter Gschwerl!
Kare:	Keine Werte! A wertlose Gsellschaft is des!
Kurt:	Pfui Deifl sog i do!
Heinz:	Wia spät is denn überhaupt scho?
Kare:	Kurz noch elfe!
Heinz:	Hm. Fohrma ebba no schnell über d'Grenz aaf Tschechien in Erotik-Club aaf a Pils und a Ukrainerin?
Kurt:	Ach naa, do worma ja in dera Woch scho zwoamol. Gemma liawa hoam!
Kare:	Genau! Unsere Frauen gfreinse, wennma amol a weng früher hoamkemma. Und außerdem: Zwoamol in da Woch Erotik-Club, des glangt.
Kurt:	Und es geht ja aa ins Geld! Und sowos Bsonders is aa ned drin!
Heinz:	Im Gegenteil! Lauter Gschwerl!

Am wichtigsten ist es für einen Kabarettisten, das Ohr am Puls der Zeit zu haben. Denn wer nicht aktuell ist, den mag keiner hören und lesen. Und wer bestimmt heutzutage den Puls der Zeit? Wer entscheidet, was cool ist und was uncool? Genau, die Jugend! Was bei Kleidung, Sprache und Freizeitverhalten angesagt ist, kann man an ihr sehen und bei ihr hören. Und wenn man bei der Jugend ankommen will, dann muss man mit ihr auf einem Level sein; man darf nicht den spießigen Mitvierziger heraushängen lassen, sondern muss obercool sein wie ein zwanzigjähriger Gelegenheitskiffer, der im Hauptberuf DJ ist und nebenbei noch als Model für neueste Trendfrisuren jobbt. Letzteres kann ich zwar mangels Haaren nicht, aber auf allen anderen Gebieten gebe ich mir redlich Mühe, um mit den Kids in Kontakt zu bleiben und über die neuesten Jugendtrends berichten zu können. Dafür nehme ich auch harte Recherchen in Kauf! Neulich war ich sogar

In der Disco

I hob mir denkt, es waar ned schlecht, wenn i amol direkt an da Quelle nachforschen daadert, wia de heitige Jugend denkt. Ned de Kinder mit 12 oder 13 Johrn, sondern de Jugend so zwischen 17 und 22.
„Und drum geh i in d'Disco und lus und schau", hob i zu meiner Frau gsagt, „do wird bestimmt a lustige Gschicht draus!"
Anstatt, dass sie mi ermutigt, mocht sie des, wos Ehefrauen normal immer mochan, sie möcht mi demotivieren. „Wos willst denn du olter Depp in da Disco? Schaamste ned? Koa Hoor am Kopf, zwanzg Kilo Übergwicht, owa i d'Disco renna!"
Sowos daad vielleicht an labilen Mo treffa, owa mi ned! „Und schaama brauch i mi scho glei gar ned", hob i zu ihr gsagt, „weil i geh natürlich inkognito!"
Sie hod dann bloß no gsagt „du wirst aa nimmer gscheida" und hod mi stehlassn mit einem Blick, do wo du als Ehemann woaßt: De halt momentan relativ nix vo dir!

Des war mir wurscht und i hob mir an schwarzn Vollbart bsorgt mit Locken, so Ivan-Rebroff-artig. Den hob i dann am Samstag abend in mein Gsicht befestigt zwecks inkognito und dann hob i no aso an Topflappen aafgsetzt wia da DJ Ötzi, dassma mei Plattn ned segt.

Mei Sohn hod mir seine Turnschuah glieha und hod gsagt, de Schuahbandl tragtma normal offen wega da Coolness. A Hosn hob i mir vom 19-jährigen Sohn von an Bekannten bsorgt, weil der is a fetter Rapper und drum hod mir dem sei Hosn optimal passt.

Dann bin i nach Straubing in d'Disco gfohrn. Weil dahoam in Furth im Wald oder in Cham wollt i ned geh, do besteht nämlich de Gefahr, dass mi trotz inkognito ebba kennt. Der red mi dann o und i konn ned in Ruhe recherchiern.

I bin übrigens mitn Corsa vo meiner Frau gfohrn, dass i ned so protzert daherkimm, dann isma bei de Jugendlichen glei besser akzeptiert. Aaf da Fahrt nach Straubing hätts fast Komplikationen gebn. Glei bei da Ortsausfahrt vo Furth im Wald war a Verkehrskontrolle, und der Polizist hod mi privat kennt. „Ja Toni", hoda gsagt, „wia schaust denn du aus? Wia da Räuber Hotzenplotz! Und wos soll denn der goldene Waschlappen aaf dein Kopf? Is dir ned guat?"

I hob gsagt, dass des mei Sach is und außerdem is des koa Waschlappen, sondern a Rap-Cap, owa sowos konn natürlich a spießiger Beamter wia er ned wissn!

„Wenn i di ned kenna daad, daad i sogn, du host wos trunka", hoda gsagt und hod mi weiterfohrn lassn. Aso ein Narr! Beamter, popliger! So oana hod natürlich koa Verständnis, wennse oaner wia i mit da heitigen Jugend identifiziert!

Kurz nach Cham hätt i dann fast an Unfall baut, weilse de offenen Schuahbandln vo meine coolen Turnschuah im Gaspedal verhaspelt hamm. I bin grod no im ersten Gang mit Vollgas aaf an Parkplatz aussekemma, hob mit einer Vollbremsung den Motor abgwürgt und de Schuahbandln zuabundn. Im Auto muaß i ja ned unbedingt so cool sei, do segts ja koaner. Aso bin i wenigstens unfallfrei nach Straubing kemma.

Auf dem Parkplatz vor da Disco war i dann doch ziemlich überrascht, weil mit mein Kleinwagen bin i relativ aafgfolln. I hob mein Corsa zwischen an 3er BMW und an Porsche parkt, hob meine Schuahbandl wieder aafgmocht und bin dann ganz locker in Richtung Eingang ganga. Davor san a poor Jugendliche gstandn und hamm graucht.

I wollt unkompliziert Kontakt aafnehma, hob mit da rechten Hand's Victory-Zeichen gmocht und hob gsagt „ey!" Owa se hamm nix gsagt, eigentlich hammsme ned amol ignoriert. Ja guat, vielleicht war mei Kontaktaufnahme a wengerl zu direkt. Wahrscheinlich waars taktisch besser gwen, wenn i z'erst amol aa oane graucht hätt und dann hätt i „ey" gsagt, dann waars ned so plump gwen. Owa mei, was solls!

Beim Eingang hob i zum Türsteher gsagt: „Ey Alter, alles fit im Schritt?" und er hod gsagt „Guten Abend, Herr Lauerer!"
Wia i genauer higschaut hob, hob i gspannt, dass des da Sohn von an Kollegen vo mir war. Er hod gsagt, er geht ins Gymnasium und jobbt nebenbei als Türsteher. Des kimmt davo, wennma de Kinder z'weng Taschengeld gibt! Mei Kollege war immer scho a Geizkrogn!
I hob dem Burschen 20 Euro gebn und hob gsagt: „I kenn di ned und du kennst mi ned, dass des klar is! Mir hamm uns no nie gseng!" – „Alles roger", hoda gsagt, „mir hamm uns no nie gseng!" A intelligents Bürscherl!

Dann bine eine in d'Disco. Momentan hob i nix gseng, weil i hob mei Brilln owado, dass i cooler ausschau. Wennes ned owado hätt, hätts mi ned über de sechs Stufen oweghaut.
Owa gottseidank hods fast koana gseng, weils so finster war in da Disco. I hob schnell mei goldernes Rap-Cap wieder aafgsetzt und bin dann an d'Theke ganga. Zum Barkeeper hob i glei ganz cool gsagt „Yo, Mann!" Sagt er zu mir: „Was geht ab, Mann?"
„Mir geht nix ab", hob i gsagt, „i bin bloß über de Treppen gstolpert! Da Geldbeidl is no do, i hob scho nochgschaut! Mir geht nix ab, danke der Nachfrage!"
„Nein, ich mein, was du dir reinziehen willst, Mann", hoda dann gsagt.
„Achso! Reinziehen! Des hoaßt, wos i trinka will, gell? Ja mei, wos trinktma denn bei eich aso? Wos isen cool zur Zeit?"
„Latte Macchiato ziehn sich die Kids rein", hoda gsagt.
I hobna dann vorsichtshalber gfragt, ob des a recht a scharfer is wega'n Führerschein.
„Ey, wie bistn du drauf? Latte Macchiato is null Problem für deinen Lappen!"
„Ja dann", hob i gsagt, „dann bringst mir glei an Doppelten!"
Er hod gsagt „cooler Spruch" und is verschwunden.

I hob derweil kurz mei Brilln aafgsetzt und mi a weng umgschaut, wos geboten is. Viel hodma eigentlich ned gseng, weil es war wia gsagt ziemlich finster.
A poor Leit hamm tanzt, owa i woaß ned, warum, weil i hob koa Musik ghört. Bloß a Stimm von an Mo, der hod so kurze Gedichte über Lautsprecher aafgsagt. Oans is folgendermaßen ganga:
„Ich checke deinen Style – weil –
ich find ihn super geil – geil –
und dein Goldfisch ist so cool – cool –
mein Hamster der is schwul – schwul –."
Dann hoda no gsagt „check it out, man!", owa des hodse ned greimt.
Neba mir is oana gsessn, der hod zu mir gsagt: „Stark, ha?"
„Saustark!", hob i gsagt, obwohl i des Gedicht ehrlich gsagt ned kapiert hob.
„Des is da DJ Bärwurz, der is voll Kult!", hoda ganz begeistert gschrian.
„Der rappt wie die Sau! Jetza pass aaf, jetza kimmt a guada Reim!"
Dann is da DJ Bärwurz wieder kemma:
„Ein korrekter Junkie, ey, down in Kalkutta,
yo, der wär happy über'n Stück ranzige Butta
und direkt daneben, Mann, ich könnte schrein
haut sich einer noch'n Hummer rein
das fette Schwein
is voll gemein
und ich wein'
zieh mir noch'ne Tüte rein
das schmeckt fein!
Check it out, man!"
„Ha", hod mei Nebenmann gsagt, „des san Texte! Was sagst do du dazua?"
Mei, wos soll i do sogn? I hob einfach gsagt: „Yo Mann!"
Er is dann aaf d'Tanzfläche ganga und hod tanzt. Ganz alloa, ohne Frau, owa des is heitzudogs nimmer so schlimm wia früher. Zu meiner Zeit hamm nur de übrigbliema Weiber und de bsuffan Manner alloans tanzt, manchmal sogar i, wenn grod „Satisfaction" kemma is, owa heit is des normal. De brauchan ned amol a Musik zum Tanzen, geschweige denn an Partner.
Da Barkeeper hod mir dann a Getränk higstellt. „Guada Mo", hob i gsagt, „des is fei a Kafä!"
„Yo", hoda gsagt und is wieder ganga.

Des war mir dann im Endeffekt aa wurscht, und im Prinzip is a Kafä um de Zeit gar ned so schlecht. Und außerdem wars Zeit für mei Bluatdrucktablettn! De schwoabtse mit Kafä leichter owa als wia mit an Schnaps.
Grod wia i mei Tablettn eiwirf, kimmt a Deandl neba mi an d'Theke und schaut mi o.
I hobma denkt, i moch oan aaf obercool und hob gsagt: „I hob bloß wos eigworfa, dass i fit bleib, verstehst scho! Yo, Schwester!" Sie hod bloß gsagt „ah geh".
„Und", hob i gsagt, „bist du aa vo da Oberpfalz?"
„Naa, vo da Drogenfahndung!", hods gsagt.
Do bin i fei momentan direkt daschrocka und hob gstottert: „D… des war fei bl…bloß a Bl… Bluatdrucktablettn! A B… Betablocker! Weil normal hob i 160 zu 100!"
Sie hod mi vo oben bis unten ogschaut und dann hods wos gsagt, des hod mi total schockiert:
„Wissens wos? Wenn i Eahna aso oschau, dann glaub i des sogar!"
Do fragst di fei scho! I ziag extra a coole Hosn o, hob a Rap-Cap am Kopf obn und a Revolutionsbart wia da Fidel z'Kuba und dann sowos! Aso a Goaß!
Sie hodse dann a Cola-Light bstellt und a Zigrettn graucht. Des hamma gern! Bei da Drogenfahndung sei und raucha! Des hätts früher ned gebn!
I hob zu ihr gsagt „alles klar" und bin mit mein Kafä zum andern Eck vo da Theke ganga, weil i wollt ja Kontakt mit Jugendliche und ned mit verdeckte Kriminaler.

I hob mi neba a Deandl higstellt, des wos ganz alloans an da Theke gstandn is. Grüne Hoor, a schworze zrissne Netzstrumpfhosn und a pinks T-Shirt, do is obngstandn „Tötet dem Dativ!" Trunka hods a Kombucha-Schorle.
Do hob i mir denkt: ‚Toni, des is a typische Jugendliche! Des kenntma scho am ersten Blick! De konn dir Anregungen gebn für a coole Gschicht über de heitige Jugend! De is hundertprozentig gegas Establishment!'
Im Prinzip bin ja i aa a weng a Revoluzzer, man kennts mir bloß ned glei o.
I hob lang überlegt, wos i zu ihr sogn soll, dass sie glei merkt, dass i aaf ihrana Seitn bin. Dass mi im tiefsten Innern aa de ganzen glücklich

verheirateten Eigenheimbesitzer mit ehrane Kombiauto nerven, obwohl i selber oaner bin. Owa im Prinzip is ja des nur Tarnung, dass koaner merkt, dass i eigentlich a Revoluzzer bin. I hob dahoam sogar a T-Shirt, do wo da Mao-Tse-Tung draff is, owa des nimm i bloß no zum Autoputzn her.

„Ey Schwester", howe gsagt, „host aa d'Schnauzn voll vo de ganzn Bonzenschweine, ha? Mi kotzt des aa voll o, wenns aaf de Parties allaweil Champagner saffan und Austern zuzeln! In da dritten Welt gibts Riesenprobleme und de redn über Mode und Frisuren! Wichtig is doch, dassma mit seinem Karma im Reinen is! Und übrigens bin i dagegen, dass immer de Robben gschlacht wern! Und Fördermitglied bei Greenpeace bine aa! I find des saustark, dass du ned aaf Äußerlichkeiten schaust! Und a zrissne Strumpfhosn hod aa ihran Reiz, irgendwie! Owa trotzdem, schau her, do host zehn Euro, dann konnst dir a neie kaffa!"

Sie hod mi vo untn bis obn ogschaut und i hob mir denkt, dass sie sich denkt, dass i a ziemlich cooler Typ bin.
Dann hods gsagt: „Ey, wia bistn du draff? I glaub, do host nimmer alle Würfel im Becher!
Des is a Designer-Strumpfhosn, du Methusalem! De hod 298 Euro kost! Mei Papa is Bankdirektor und koa so a Versager wia du! Aso wia du ausschaust, konnsta ned amol a gscheids Outfit leistn, weil du scheinbar d'Hosn vo dein fettn Buam anhost!"
„Des stimmt ned!", howe gsagt. „Des is d'Hosn vom fettn Buam von an Kollegen!"
„Des is mir scheißegal, wem de Hosn ghört!", hods gschrian. „Und deine Robben, de konnst dir an dein blädn Huat stecka, de san doch mir wurscht! Und wennst du glaubst, mit deiner Greenpeace-Masche konnst du alter Bock bei junge Deandln landn, dann host di gschnittn!
Sogar wennst einigermaßen guat ausschaun daaderst, wosma bei dir wahrlich ned sogn konn, du kannst doch einer Frau nix bietn! Wahrscheinlich steht am Parkplatz draußen dei gebrauchter Opel!"
Do hods zwar recht mit dem Opel, owa i wollt ihr ned sogn, dass i denn nur aus taktischen Gründen gnumma hob.

Außerdem war i momentan sowieso sprachlos. Wos sollma aaf sowos sogn? I hob des Deandl völlig falsch eigschatzt! Und sie mi natürlich aa! I bin doch koa alter Bock, der in d'Disco geht zum Aafreißen vo junge Deandln! Also, i daads vielleicht scho, wenn i wissen daad, dass wos gang, owa es geht ja sowieso nix.
Also, wia soll i jetza reagiern? I hobma denkt, am besten is, wenn i einfach ehrlich bin. Mit da Ehrlichkeit kimmtma immer no am weitesten, bsonders bei da Jugend.

„Pass amol aaf, Deandl", howe gsagt, „des is alles ganz anders, wia du denkst! I bin nämlich in Wahrheit a Schriftsteller und i möcht a lustige Gschicht schreibn über de heitige Jugend, und i hob mir denkt, de Jugend triff i am ehesten in da Disco. Und du host aso ausgschaut, als wia wenn du a typische Jugendliche waarst. Und drum hob i di ogred! I will di doch ned aafreißn!"
Dann wars ganz aus!
„Also des is doch des perverseste, wos i je ghört hob!", hods ganz laut gsagt. „Er! A Schriftsteller! Wos bläders is dir nimmer eigfolln, do olter Sack!"
Alle Leit hamm scho hergschaut zu mir.
Jetza waars mir doch liawa gwen, i waar in Cham in da Disco und ned in Straubing. Weil in Cham hätten mi vielleicht doch a poor kennt und hätten dann mei Aussage bestätigt. Owa aso bin i dogstandn wia a Kinderschreck!
Gottseidank is mir da Türsteher eigfolln! „Fragts den Türsteher!", howe gsagt. „Der kennt mi und konn bezeugen, dass i a Schriftsteller bin!"
Dann hammsna gholt. Da Barkeeper hod gsagt: „Kennst du den?"
„I hob den no nie gseng!", hoda gsagt.
Dann isma erst wieder eigfolln, dass eam 20 Euro gebn hob, dass er sagt, dass er mi ned kennt.
„Naa, Bursch", hob i gsagt, „des mit de 20 Euro is hinfällig, des is jetza a andere Situation!
De war so ned geplant. Sogs ruhig, dass du mi kennst!"
Dann hoda wieder gsagt: „I hob den no nie gseng!"
„Ja zenalln, du sagst jetza, dass du mi kennst, du Depp!", howe gschrian.

Dann hammsme aussegworfa. Und mei Rap-Cap hob i aa verlorn. Des waar ned so schlimm. Viel schlimmer is für mi, dass de jetza moana, i waar a Spießer, obwohl i a T-Shirt vom Mao Tse Tung dahoam hob.

Und am allerschlimmsten is, dass i in dem Biacherl unbedingt a lustige Gschicht über de heitige Jugend schreim wollt. Und jetza is nix draus wordn!

Des duatma wirklich leid!

Was ist das Allerwichtigste im Leben? Nein, nicht dass der FC Bayern Meister wird, sondern die Gesundheit! Gesund zu sein ist ein Grund, sich zu freuen. Aber damit wir nicht zu übermütig werden, sorgt der liebe Gott dafür, dass uns ab und zu ein kleiner Dämpfer verpasst wird. Und wenns größer fehlt und uns kalte Umschläge oder heißer Tee nicht mehr weiterhelfen, dann müssen die Profis ran und zwar

Im Krankenhaus

Sie: Des find i fei schee von dir Schatz, dass du heit mit mir einakemma bist ins Krankenhaus, dass i ned so alloa bin!
Er: Des is doch klar, Spotzerl! Außerdem host du an Fernseh im Zimmer und do konn i dann in Ruhe d'Champions-League oschaun, wennst du schlafst!
Sie: I glaub, i konn gar ned schlaffa. I bin so nervös! I war scho seit 16 Jahrn nimmer im Krankenhaus!
Er: Vor 16 Jahrn warst du im Krankenhaus? Wos host denn do ghabt?
Sie: Do hob i doch entbunden!
Er: Ah ja, genau! Des hätt i jetza glatt vergessn!
Sie: Koa Wunder, du bist ja bei da ersten Presswehe scho in Ohnmacht gfalln!
Er: Jamei, des war a Schock für mi! I hob vorher no nie a Presswehe gseng!
Sie: Is scho recht. Auf jeden Fall bin i unheimlich nervös. Wird scho alles guat geh morgen! Moanst scho, gell?
Er: No freilich! An eitrigen eigwachsna Zehanagel aussaoperiern, des is doch heitzudogs Routine!
Sie: Ehrlich?
Er: Sowieso! Des is doch a Klacks! Bis du schaust, isa weg!
Sie: I hob owa trotzdem Angst. I glaub, i konn heit ned schloffa. Du muaßt di mit mir unterhalten, weil des beruhigt mi!
Er: Des is owa schlecht, weil doch d'Champions-League kimmt.

Sie:	Ja scho, owa du konnst doch während dem Spiel a bisserl mit mir reden!
Er:	Okay, in da Halbzeit vielleicht. Trotzdem, an deiner Stell daad i a Schlafmittel nehma, weil du muaßt morgen fit sei. A Operation, wennma ned ausgschloffa hod, des is nix!
Sie:	Moanst wirklich?
Er:	Auf jeden Fall! Woaßt wos? I läut da Schwester, dass sie dir a Schlafmittel bringt! *Läutet.*
Sie:	Eigentlich host recht! Wenn i schlaf, dann denk i wenigstens nimmer an de Operation.
Er:	Eben!

Es klopft.

Er:	Des is owa schnell ganga! I hob doch erst vor drei Sekunden glittn und jetza is de scho do. Alle Achtung! Herein!

Ein Arzt kommt herein.

Arzt:	Schönen guten Abend! Mein Name ist Doktor Heinzl.
Er:	Mei liawa, des is a Service! Do bringt glei da Dokta's Schlafmittel!
Arzt:	Äh …, welches Schlafmittel, wenn ich fragen darf?
Sie:	Mein Mo hat grad geläutet, weil ich ein Schlafmittel bräuchte, weil ich so nervös bin wegen der Operation morgen. Und jetzt wundern wir uns, weil Sie so schnell gekommen sind.
Arzt:	Ach so! Nein, deswegen bin ich nicht da. Das Schlafmittel bringt bestimmt gleich die Schwester. Ich bin wegen morgen da. Ich werde Sie nämlich operieren. Ich wollte mich nur kurz überzeugen, ob alles in Ordnung ist.
Er:	Mei, nervös is halt recht, mei Frau! Owa do konnst nixe macha, de san einfach aso, vo de Gene her, de Weiber.
Arzt:	Das brauchen Sie nicht zu sein, Frau Holzer!
Er:	Segstas, Frieda! Dua di ned owe! Des werd scho wern, sagt d'Frau Kern. Is bei da Frau Horn aa wieder wordn. Bloß

	d'Frau Wimmer, de lebt nimmer! Hahaha! Des sagtma halt aso, Herr Doktor!
Arzt:	Sehr lustig! Haben Sie noch Fragen?
Er:	Ja, i hätt do scho no a Frage: Wia schaltma denn den Fernseh ei? I find do koa Fernbedienung.
Arzt:	Oh, da bin ich überfragt. Da müssen Sie sich an die Schwester wenden!
Er:	Alles klar! De kimmt eh glei wega dem Schlafmittel, dann froges.
Sie:	Sie, Herr Doktor, kriag i do morgen a Vollnarkose?
Arzt:	Das ist normalerweise nicht notwendig. Eine örtliche Betäubung reicht bei der Entfernung eines eitrigen Fußnagels völlig aus.
Er:	Obwohl a Vollnarkose ned schlecht waar. Weil wissens, nacha bist einfach weg vom Fenster und segst nix. Des hod aa seine Vorteile. Wennst du nämlich direkt oschaun muaßt, wia dir a eitriger Zehanogl aussagschnittn wird, also a Gaudi is des ned grod. Do bist zwar lokal betäubt, owa vom Hirn her is des scho a gwisser Schock, oder?
Arzt:	Naja, es geht, würde ich sagen. Auf jeden Fall würde ich von einer Vollnarkose abraten, denn es gibt dabei natürlich schon gewisse Risiken.
Er:	Des stimmt! Scho mancher is nimmer aafgwacht!
Arzt:	Naja, man muss ja nicht gleich den Teufel an die Wand malen!
Er:	Des is scho klar. Und i sog ja sowieso immer: Wenns da Deifl hobn will, dann derbröselts di aso und aso! Mit Vollnarkose und mit lokaler Betäubung!
Sie:	Jetza derfst owa aafhörn!
Er:	I sog ja bloß. Des war ja mehr allgemein gmoant.
Arzt:	Also, wenn keine Fragen mehr sind, dann sehen wir uns morgen gegen neun Uhr. Und nicht vergessen: Nüchtern bleiben!
Er:	Sowieso! I pass scho aaf, Herr Doktor!
Sie:	Trinka derf i owa scho wos?
Arzt:	Selbstverständlich! Die Schwester bringt Ihnen gerne noch einen Tee, wenn Sie wollen. Also dann ...
Er:	Ah, Moment no, Herr Doktor! I hätt da doch no a Frage!

Arzt:	Ja, bitte!
Er:	Sie san owa ned der Dr. Heinzl, der wos vor drei, vier Johrn sei Armbanduhr im Bauch von an Patienten vergessn hod?
Sie:	Wos?
Arzt:	Um Gottes Willen, nein! Ich habe auch noch nie von dem Fall gehört!
Er:	War a Witz! I wollt bloß mei Frau a weng aaf andere Gedanken bringa! Weils doch so Angst hod!
Sie:	Du host vielleicht Nerven!
Arzt:	Also, ich darf mich dann verabschieden. Bis morgen!
Sie:	Guade Nacht, Herr Doktor!
Er:	Und nix für unguat wega dem Jux!
Arzt:	Jaja, schon gut! *Geht.*
Sie:	Sog amol! Red doch koan so an Schmarrn daher! Wos sollse denn der Doktor vo uns denka!
Er:	Der is doch froh, wenns amol a weng lockerer zuageht! Den ganzen Dog bloß Bluat und Darm und Zehanägl und so Zeig! Do magst aa amol a weng abschalten!
Sie:	Also i woaß ned!

Es klopft.

Er:	Des is jetza d'Krankenschwester zwecks dein Schlafmittel! Herein!
Schwester:	Griaß Gott mitananda! I bin d'Schwester Ingrid! I möcht mi bloß verabschieden, weil i hob jetza dann frei. D'Nachtschicht übernimmt dann, gell! Hamms no an Wunsch?
Sie:	Äh, ja, i hätt eigentlich gern a Schlafmittel gwollt!
Er:	Sie is nämlich recht nervös wega dem eitrigen Zehanogl, wissens! Der wird morgen aussagschnittn! Owa bloß mit lokaler Betäubung!
Schwester:	Selbstverständlich kriagn Sie ein Schlafmittel! I sags glei da Schwester Monika vo da Nachtschicht, dass Eahna de oans bringt!
Sie:	Des is nett! Dankschön!

Er:	Und jetza gehts ab in d'Disco, oder, Schwester Ingrid? Vo de jungen Krankenschwestern hörtma ja allaweil, dass do allerhand geht! Hahaha!
Schwester:	Naa, i geh in d'VHS in an Meditationskurs!
Er:	Soso! Aa ned schlecht!
Schwester:	Also, pfüat Gott und alles Guade für morgen!
Sie:	Dankschön, Schwester Ingrid!
Er:	Wird scho schiefgeh!

Schwester Ingrid geht.

Sie:	Red halt de junga Deandln ned immer so schwach o!
Er:	Des war a ganz a nette! So leger irgendwie. Nett, owa trotzdem ned häßlich!
Sie:	Nett wars scho, des stimmt!
Er:	Zenalln, jetza hob i vergessn, dass i frog, wiama den Fernseh eischalt!
Sie:	Frog halt d'Schwester Monika! De wird eh glei kemma.
Er:	Genau! *Es klopft.* Do schau her, jetza kimmts scho! Ja, herein!
Schwester:	Guten Abend! Ich bin die Schwester Sabine von da Nachtschicht! Möchten Sie einen Tee für die Nacht?
Sie:	Ja, gern!
Er:	Sie hoaßn sicher Sabine? Ned Monika?
Schwester:	Ich heiße Sabine. Schwester Monika ist eine Kollegin.
Er:	Und d'Schwester Monika hod Eahna vo da Schwester Ingrid nix ausgricht?
Schwester:	Nein, wieso?
Er:	Ja, weil mei Frau, do wollt eigentlich a Schlafmittel und d'Schwester Ingrid hod gsagt, d'Schwester Monika bringts glei. Und wias grod klopft hod, hob i gsagt „jetza kimmts scho", owa derweil warn des Sie.
Schwester:	Die Schwester Monika wird bestimmt gleich kommen! Ich bringe Ihnen dann einstweilen den Tee. Früchtetee, Pfefferminz?
Er:	Hamms an schwarzen Tee aa?
Schwester:	Selbstverständlich!
Er:	Dann möchtma Kamille! Hahaha! War a Witz!

Sie:	Also Hubert!
Schwester:	Lassen Sie nur, Frau Holzer! Möchten Sie Kamille?
Sie:	Ja, warum ned! A Kamüllntee hod no nie gschad'!
Schwester:	Alles klar. Bis dann!
Er:	Moment, Schwester! Hätten Sie a Bier aa?
Schwester:	Bier gibt es unten am Kiosk. Der hat aber schon geschlossen.
Er:	Des is schlecht! Des is ganz schlecht! I konn doch zum Champions-League-Spiel koan Kamüllntee trinka. Wia schaut denn des aus!
Sie:	Des is doch ned so wichtig!
Er:	Du redst di leicht, weil du nimmst dei Schlafmittel und kriagst nix mehr mit. Owa i hock vorm Fernseh und muaß an Tee trinka! Apropos Fernseh! Wia schaltma denn den ei, Schwester ... Ding?
Schwester:	Sabine!
Er:	Genau, Sabine! Wissen Sie, wiama den eischalt?
Schwester:	Nein, tut mir leid, ich bin ganz neu hier. Ich sage Schwester Helga Bescheid, die kennt sich mit der Technik gut aus.
Er:	Alles klar! Und sogns vorsichtshalber no da Schwester Monika Bescheid wega dem Schlafmittel, falls d'Schwester Ingrid des eventuell vergessen hod!
Schwester:	Gerne! Also, ich bring dann gleich den Tee!
Sie:	Danke! Bis später, Schwester Sabine!

Schwester Sabine geht.

Er:	Des war aa a nette! Obwohls hochdeitsch red!
Sie:	De san alle nett. Hoffentlich kimmt jetza de Schwester Monika bald mit mein Schlafmittel!
Er:	De muaß jeden Moment kemma. *Es klopft*. Do schau her: Wennma'n Esel nennt, dann kimmt er grennt! Herein, Schwester Monika!
Schwester:	Gries Gott! Mein Namä ist Schwestär Jana. Muß nur fragän: Haben Sie heite schon gähabt Stuhlgang?
Er:	I?
Schwester:	Nein! Frau!

Sie:	Äh, ja, scho.
Er:	Sie, i glaub, des is a Irrtum! Do gehts fei bloß um an eitrigen Zehanogl!
Schwester:	Ist reinä Routinä. Missen jeden Patienten fragän, ob gähabt Stuhlgang.
Sie:	Ach so!
Er:	Sie san owa ned vo do gebürtig, oder?
Schwester:	Ich kommä von Bratislava!
Er:	Gell! Hobamas doch denkt! Von an Schlafmittel is Eahna rein zufällig nix bekannt?
Schwester:	Wie bittä?
Er:	Passt scho, i hob bloß gmoant!
Schwester:	Muss ich noch messän Blutdruck! Moment, gäht ganz schnäll! *Misst der Frau den Blutdruck.* Hundertfinfzähn zu finfundsiebzig, ist normal.
Er:	Kanntns ebba bei mir aa glei messn? I hobna nämlich allaweil a wengerl z'hoch!
Schwester:	Tut mir sähr leid, aber darf nur bei Patientän.
Er:	Aa recht! Frogn kost ja nix.
Schwester:	Wünschä gutä Nacht!
Er:	Guad Nacht!
Sie:	Gute Nacht, Schwester Jana! Und sagens bitte der Schwester Monika, sie soll mir des Schlafmittel bringa!
Er:	Und da Schwester Helga wega dem Fernseh! D'Schwester Sabine wollt ihr eigentlich sowieso Bescheid sogn!
Schwester:	Gutä Nacht! Wenn ich treffä, sagä Bäscheid. *Geht.*
Er:	Mei liawa, jetza wirds owa Zeit! Des Fußballspiel hod scho ogfangt und der Fernseh lafft no ned! Alle zwoa Minutn kimmt a andere daher, owa koane kenntse mitn Fernseh aus!
Sie:	Und mei Schlafmittel hob i aa no ned. Jetza werd i schee langsam vo selber miad!
Er:	Jetza wart no a weng! De kimmt glei. *Es klopft.* Ja endlich! I bin gspannt, ob des de mitn Fernseh is oder de mitn Schlafmittel.
Sie:	Oder de mitn Tee!
Er:	Genau! De fehlt ja aa no! Herein!
Schwester:	Grüß Gott, Frau Holzer! Hallo, Herr Holzer!

Er:	Griaß Gott! San jetza Sie d'Schwester Monika oder d'Schwester Helga? Weil d'Schwester Sabine sans ned, de hätt an Tee dabei.
Schwester:	I bin d'Schwester Hildegard! I wollt bloß fragen, was Sie morgen Mittag essen wolln, Frau Holzer.
Sie:	Owa es hod doch ghoaßn, i derf nach da Operation glei hoam!
Schwester:	Im Prinzip schon, aber so circa zwei Stunden müssen Sie noch dableiben, bis die Wirkung der Betäubung nachgelassen hat. Und das Mittagessen ist ja im Pflegesatz enthalten. Möchten Sie normal, Schonkost oder vegetarisch?
Er:	Bringens es genau in der Reihenfolge!
Schwester:	Wie bitte?
Er:	War a Witz!
Sie:	I daad dann Normalkost nehma! Wos waar nacha des?
Schwester:	Äh ..., Moment, i schau auf mein Plan ..., des wäre Cordon Bleu mit Pommes Frites und Salat.
Er:	Passt! Des iß i gern!
Schwester:	Äh, es ist aber für Ihre Frau gedacht!
Er:	War a Witz! Sie, ganz wos anders: Kanntn Sie da Schwester Sabine Bescheid sogn wega dem Fernseh?
Sie:	Des mit dem Fernseh war owa d'Schwester Helga! D'Schwester Sabine wollt den Tee bringa!
Er:	Ah ja, genau! Und wer war nacha des vo Bratislava?
Sie:	Des war d'Schwester Jana!
Er:	De mitn Stuhlgang, oder?
Sie:	Genau!
Er:	Also, dann sogns bitte da Schwester Helga Bescheid wega dem Fernseh! Und da Schwester Ingrid wega dem Schlafmittel!
Sie:	D'Schwester Ingrid is doch bei da VHS! Des Schlafmittel soll doch de Schwester Monika bringa!
Er:	Glaubst, i bin scho ganz bläd! Wissens, Schwester Ding ...
Schwester:	Hildegard!
Er:	Wissens, Schwester Hildegard, da kimmtma ganz durchanda. Für jeds Exkrement gibts do a extra Schwester!

Schwester:	Naja.
Er:	Doch, doch! Und da Doktor Heinzl war aa scho do!
Schwester:	Schön! Also, i sag dann der Schwester Helga und der Schwester Monika Bescheid!
Er:	Des waar a Riesensach!
Sie:	Und falls Sie d'Schwester Sabine treffa: A Tee wäre aa ned schlecht!
Er:	I wollt ja a Bier, owa da Kiosk hod nimmer off!
Schwester:	Ah ja! Also, ich gehe dann! Gute Nacht! *Geht.*
Er:	Jetza bin i gspannt, wiaviel dass do no daherkemma. Wahrscheinlich kimmt glei oane, de fragt di, ob du liawa a weiß's Klopapier magst oder a blaus.
Sie:	Ach, du immer mit deine Krämpf!
Er:	Weils wahr is! *Es klopft.* Wos hob i gsagt? Kimmt scho! Herein!
Schwester:	Grüß Gott zusammen!
Er:	Wer san nacha jetza Sie? D'Schwester Thusnelda?
Schwester:	Naa, i bin d'Schwester Helga. I soll den Fernseher einschalten.
Er:	Genau! Super!
Schwester:	*Schaltet ein.* Passt das Programm?
Er:	Einwandfrei! Des is d'Champions-League! Mir gega d'Insulaner!
Schwester:	Wer gega wen?
Er:	Da FC Bayern gega Manchester! Am Stammtisch songma mir zu de Engländer allaweil Insulaner, weil England is doch a Insel!
Schwester:	Ah ja! Also, i geh dann wieder!
Er:	Dankschön, gell!
Schwester:	Gern gschehn! *Geht.*
Er:	Gottseidank stehts no Null zu Null! Do hob i no nix versaamt.
Sie:	*Schläfrig:* Jaja.

Es klopft.

Er:	Öha! Jetza gehts owa rund im Karton! Ja!
Schwester:	Sodala, des wäre der Kamillentee!

Er:	Dankschön, Schwester Ding ...
Schwester:	Sabine!
Er:	Genau! Stellns de Kanne einfach do her! I schenk mir dann scho ei, wenn mi dirscht!
Schwester:	Gerne! Einen schönen Abend noch! *Geht.*
Er:	*Mit Blick zum Fußballspiel:* Jaja, gleichfalls! So Frieda, jetza konnst an Kamüllntee trinka!
Sie:	– –
Er:	Oläck! Freistoß für Manchester! *Es klopft.* Ja sog amol, wos is denn los? Herein!
Schwester:	Hallo! I bin d'Schwester Monika. Hamm Sie a Schlafmittel bstellt?
Er:	I ned. I muaß fit bleibn, weil des Spiel dauert no länger. Mei Frau hod a Schlafmittel bstellt, weil sie is recht nervös wega dem eitrigen Zehanogl, der wos morgen wegkimmt.
Schwester:	Aber Ihre Frau schlaft diaf und fest!
Er:	*Dreht sich vom Fernseher weg zu seiner Frau.* Hodses nimmer derwartn kinna! De is allaweil so ungeduldig. Jamei, des hilft alles nix. De muaß des Mittel nehma. Weckenses aaf, damits besser eischlaffa konn!
Schwester:	*Sanft:* Hallo, Frau Holzer!
Sie:	*Schreckt hoch.* Wos is?
Er:	Freistoß für Manchester!

Es ist ja so, dass bei Beerdigungen recht positiv über den Verblichenen gesprochen wird; meist viel positiver, als man zu Lebzeiten mit ihm und vor allem über ihn gesprochen hat. Aber das liegt in der Natur der Sache und das ist auch gut so, denn man soll ja nur die erfreulichen Eigenschaften und Taten eines Menschen in Erinnerung behalten. Über die unerfreulichen wird der Mantel der christlichen Nächstenliebe gebreitet.
Obige Zeilen gelten allerdings nur für die offiziellen Traueransprachen. Im leisen Zwiegespräch in sicherer Entfernung vom offenen Grab kommen oft überraschende Abgründe im Lebenswandel desjenigen ans Tageslicht, der nun nicht mehr unter uns ist.

Der Franz

Trauergast A: Sodala, jetza is da Franz aa gstorm!
Trauergast B: Jamei!
Trauergast A: De Sterberei kimmt holt ned aus da Mode!
Trauergast B: Jaja!
Trauergast A: Wenns dumm geht, dawischts uns aa amol!
Trauergast B: Wenns ganz dumm geht!
Trauergast A: Apropos dumm, jetza muaß i amol dumm frogn: Sie san ned vo do, oder?
Trauergast B: Naa, i bin vo Garmisch!
Trauergast A: Achso, vo Garmisch! Ja dann! Dann konn i Sie ja ned kenna! I hobma nämlich scho denkt: ‚Den kenn i ned!' Also, nix für unguat, owa man mochtse holt so seine Gedanken. In da Kircha hob i Sie aa ned gseng!
Trauergast B: Is scho klar. I bin z'spät kemma und bin dann glei am Friedhof ganga!
Trauergast A: Aha! Vo Garmisch san Sie! Do schau her! Ja, san Sie nacha a Verwandtschaft vom Franz?
Trauergast B: A ganz a weitschichtige! Mei Muada war a Cousine zu eam. Owa mei Muada is scho 86 Johr olt und trautse nimmer so weit fohrn. Drum hods gsagt, i soll aaf de Beerdigung geh, weil es ghörtse holt. Owa i hob ja den Franz scho mindestens 20 Johr nimmer gseng! Mir hamm bloß amol aaf Weihnachten telefoniert. Wias holt aso hergeht aaf da Welt!

Trauergast A:	Soso! Jamei! Dann hamm Sie praktisch kaum wos mit eam zum dua ghabt, so gseng.
Trauergast B:	Genau!
Trauergast A:	Noja, is aa gscheida!
Trauergast B:	Wieso des?
Trauergast A:	Mei, wenn Sie in Garmisch wohna, dann hamms ja des ganze Elend ned aso mitkriagt!
Trauergast B:	Wos für a Elend?
Trauergast A:	Ach, i mog gor ned drüber redn! Es war a Kreiz mitn Franz! Wos aus an Menschen wern konn! Tragisch!
Trauergast B:	Ja, wieso denn? Mei Muada hod immer gsagt, dass er a ganz a netter Mensch war!
Trauergast A:	Wos??? A netter Mensch? Da Franz? Des muaß owa ganz lang her sei! Den hod doch koaner gmigt!
Trauergast B:	Ja, wieso denn ned?
Trauergast A:	Der hod doch nur gstänkert und gstrittn in de Wirtsheiser! A Haffa Schulden und d'Fotzn voll Rausch, des war da Franz!
Trauergast B:	A geh! Ja um Gottes Willen! Des derf i meiner Muada gor ned erzähln, weil de duatse immer glei aso owe!
Trauergast A:	Is ebba nervlich recht schlecht beinanda?
Trauergast B:	Ein Wrack!
Trauergast A:	Dann sogns ihr am besten vom Gfängnis aa nix!
Trauergast B:	Vom Gfängnis?
Trauergast A:	Da Franz is vier Johr gsessn wega versuchtem Totschlag!
Trauergast B:	Des gibts doch ned!
Trauergast A:	Und obs des gibt! Des war vor …, i daad sogn, vor ungefähr zehn Johrn, vielleicht aa elfe, do war des. Oder naa, des war vor zwölf Johrn! Weil des war in dem Johr, wo mei Elfriede Drillinge kriagt hod!
Trauergast B:	Is des Eahna Tochter oder Eahna Frau?
Trauergast A:	Naa, unser Kuah!
Trauergast B:	Achso! Ja, wos war nacha do vor zwölf Johrn mitn Franz?
Trauergast A:	De Gschicht mit sein Nachbarn! De war do.
Trauergast B:	Mit sein Nachbarn? Wos war nacha mit sein Nachbarn?

Trauergast A:	Sei Nachbar hod an drumm Kirschbaam. Herzkirschen, wunderbar! Und guat san de! Und weil der Baam aso a drumm Baam is, hod sei Nachbar, da Kratzer Kare …, kennans den?
Trauergast B:	Naa, den kenn i ned!
Trauergast A:	Den kinnans aa normal ned kenna, weil der war no nie in Garmisch. Is ja aa wurscht. Aaf jeden Fall hod da Kratzer Kare Kerschn owado, Kirschen gepflückt quasi, und is aaf da Loaddern ganz obn gstandn, weil es is ja a drumm Baam, also scho siem, acht Medda, wenns glangt! So, und wos duad da Franz, der Hundling?
Trauergast B:	Wos duada denn, da Franz, der Hundling?
Trauergast A:	Und das ewige Licht leuchte ihm!
Trauergast B:	Wos?
Trauergast A:	Da Pfarrer hod grod gsagt „Herr, gib ihm die ewige Ruhe!"
Trauergast B:	Achso! Jetza erzählns weida, wos war dann mitn Franz und sein Nachbarn?
Trauergast A:	Amen!
Trauergast B:	Wos Amen?
Trauergast A:	Da Pfarrer hod gsagt „Herr, lass ihn ruhen in Frieden!" Und do sagtma normal „Amen".
Trauergast B:	Ja, Amen. Owa jetza will i wissen, wos passiert is mit dem Nachbarn!
Trauergast A:	Einiges! Da Franz is heimtückisch in den Gartn vom Nachbarn umegschlicha und hod de Loaddern einfach untn weggrissn! Der Nachbar is owabreddert wia ein Sack Zement, hinter eam, a weng langsamer, da Eimer mit de Kirschn. Gottseidank is da Nachbar mitn Unterleib an an Ast hängertbliebn, weil sunst waars dumm ausganga! Owa wia gsagt, es war Glück im Unglück. Er is mit schwere Prellungen, Blutergüssen, zwoa, drei Brüchen und einer Hodenquetschung davokemma. Der wenn ned an dem Ast hängertbliebn waar, der hättse ernstlich verletzt! Und drum war des versuchter Totschlag! Weil rein juristisch hätt ja wirklich wos passiern kinna! Da Nachbar hod sowieso

	schlimm ausgschaut, weil de Herzkirschn san aaf eam draufgfolln und de hamm so einen dunkelroten Saft! Z'erst hods ghoaßn, er is vobluat, owa es war bloß da Saft!
Trauergast B:	Ja, sogns amol! Des is ja ein Wahnsinn! Da Franz war doch allaweil aso a netter Mensch, sagt mei Mama!
Trauergast A:	Früher vielleicht! Ganz früher!
Trauergast B:	Des derf i meiner Mama keinesfalls erzähln! Für de bricht eine Welt zamm!
Trauergast A:	Naa, des derfas ihr ned erzähln! Des packt de nimmer!
Trauergast B:	Ja, warum hod denn da Franz des gmacht?
Trauergast A:	Bloß wega dera Thailänderin! Alle hamm gsagt zu eam: „Franz, lass des bleibn mit dera Thailänderin!" Owa naa, er war ja gscheida wia de andern! Und sowos kimmt dann aussa, wenn oana gar so schlau sei will!
Trauergast B:	Thailänderin? Wos war nacha mit dera?
Trauergast A:	Wissns des aa ned? Sei Frau hodse doch scheidn lassn wega dera Sauferei.
Trauergast B:	Des hob i ned gwisst! Wann war nacha des?
Trauergast A:	Omei, des is scho locker 15 Johr her, mindestens! Wann hod d'DDR Konkurs gmocht?
Trauergast B:	Also, der Mauerfall, der war 1989!
Trauergast A:	Do war des! Do hodse sei Wei scheidn lassn. Und wos mocht er, da Narr? Bstelltse a 20-jährige Thailänderin ausm Katalog! Er, da olte Daderer mit 61 Johrn! Alle hammna gwarnt! „Franz", hamms gsagt, „spinnst ebba du? Des kannt dei Enkelin sei!" Und wos hod er gsagt? „Des kannt ned mei Enkelin sei, weil i war no nie in Thailand!" Aso ein Kasperl war da Franz. Null Ernsthaftigkeit!
Trauergast B:	Hm. Und wieso hod er dann sein Nachbarn vom Kirschbaam owagschmissn?
Trauergast A:	Des war aso: Da Franz, der hod de Thailänderin gheirat, trotz alle Warnungen. De Hochzeit an sich war scho gespenstisch! Vo seiner Verwandtschaft warn 108 Personen do und vo ihrana null! Direkt peinlich! Owa de hamm ja nix in Thailand! Ned amol an Strom, geschweige denn a Flugticket!

Trauergast B: Do hamms recht! Des san arme Leit!
Trauergast A: Aaf jeden Fall war sie am Anfang froh, dass sie überhaupt in Deitschland is. Da Franz hod ja alles ghabt, wos ein Frauenherz begehrt: Mikrowelle, Gschirrspülmaschin und a eigenes Bügelzimmer! Also, es is ihr ned direkt schlecht ganga. Owa so noch zwoa Johrn hod sie gspannt, dass da Franz ein Volldepp is. Wia gsagt, an Haffa Schulden und d'Fotzn voller Rausch! Aso a Mo, der kimmt bei Frauen ned o, des is logisch. Und wenn er um 40 Johr älter is, dann kimmt er scho zwoamol ned o! Und da Nachbar, der war jünger, attraktiver, schuldenfrei und vor allem: Nüchtern!
Trauergast B: Dann konn i mir scho vorstelln, wos passiert is!
Trauergast A: Genau! Da Franz war im Wirtshaus wie immer. Owa es hod an Streit gebn am Stammtisch zwischen Bayernanhänger und Sechzgerfans und er is eher hoamganga, weil er is a Cluberer. Und wia er hoamkimmt, wos segt er? Sei Thailänderin mitn Nachbarn in einer eindeutigen Position! Ned bloß schuldenfrei, sondern aa textilfrei!
Trauergast B: Und? Wos is passiert?
Trauergast A: Mei, wos is passiert? Da Franz hod eigentlich erstaunlich gelassen reagiert. Er hod eam an CD-Player und a Aquarium affegworfa, hod sei Hosn und sei Hemad zrissn und eam a gebrauchte Klobürstn ins Maul einegsteckt. Dann hoda gsagt: „Rache folgt später, du Bär! Wennst a Thailänderin magst, dann bstellst dir selber oane! Und jetza schau, dass'd weidakimmst!"
Trauergast B: Wahnsinn!
Trauergast A: Gell! Und de Gschicht mitn Kirschbaam, des war praktisch die Rache!
Trauergast B: Do bin i jetza direkt betroffen! Do lebst in Garmisch und woaßt ned, wos für riesige Probleme dei Verwandtschaft hod!
Trauergast A: Mei, oft is gscheida, man woaß ned alles!
Trauergast B: Do hamms aa wieder recht! Ja, und dann is er ins Gfängnis kemma?
Trauergast A: Wir bitten dich, erhöre uns!

Trauergast B:	Wos?
Trauergast A:	Da Pfarrer mocht grod de Fürbitten!
Trauergast B:	Achso! I bin dermaßen konsterniert, i konn mi gor nimmer aaf de Beerdigung konzentriern!
Trauergast A:	Des glaub i sofort! I moan, es soll eam ned schadn in da Ewigkeit. Jetza isa gstorm und do sollma ned schlecht über eam redn. Owa wos gsagt werdn muaß, des muaß einfach gsagt werdn. Und Sie als Exil-Verwandtschaft hamm ja quasi a Anrecht drauf zu erfahren, wos er für a Baraber war.
Trauergast B:	I bin Eahna aa dankbar, dass Sie mir des gsagt hamm, weil i hob jetza natürlich a ganz a anders Bild vo eam. Owa meiner Mama erzähl i nix, de sollna so in Erinnerung behalten, wiasna früher kennt hod.
Trauergast A:	Genau! Lassens dera guadn Frau ihran Glauben!
Trauergast B:	Für d'Mama soll er der anständige Kreizer Franz bleibn, der er immer war!
Trauergast A:	Wieso da Kreizer Franz? Des is d'Beerdigung vom Kruzeder Franz! Dem Kreizer Franz de sei is erst um holwe viere!
Trauergast B:	Dann bin i ja falsch!
Trauergast A:	Owa gewaltig! Den Kruzeder Franz wern Sie ja gor ned kenna!
Trauergast B:	Jetza scho!

Schauma amol

Manchmal, do sitztma dahoam im Wohnzimmer, hod an ausgleierten Jogginganzug o, schautse im Fernseh d'Wiederholung von an Fußball-Länderspiel o, ißt Chips und trinkt a Cola, draußen rengts und man denktse: „Mensch, is heit a scheener Dog!"
Dann kimmt d'Frau eina und sagt: „Du, wennst ned woaßt, wos du dua sollst: I brauchert a neis Kleidl!"
Da Dog is schlagartig versaut! I woaß nämlich scho, wos i dua soll: I soll des Fußballspiel oschaun! Owa des akzeptiert de ned! Des is für de koa Tätigkeit. Für de waar des ned amol a Tätigkeit, wenns koa Wiederholung waar.

Also, sie braucht a neis Kleidl – alles klar, i hob ja sowieso koa Chance. Des bedeit für mi, dass i mit ihr zum Eikaffa fohr, obwohl dass i gor koa Kleidl brauch. Dann gemma in a Gschäft, sie probiert ungefähr acht rote Kleidln und fragt mi bei jedem, obs mir gfollt.
I sog bei alle acht „ja" und sie glaubtmas ned. Des ärgert mi, weil wenn der junge Verkäufer, der ausschaut wia a Italiener „ja" sagt, dem glaubtses! Des ärgert mi dermaßen, dass i am liabstn „nein" sogn daad, wenns mi fragt, obsma gfallt. Owa des is aa nix, weil sunst muaß i begründen, warumsma ned gfollt. Nach dem achten roten Kleidl sagts: „Eigentlich waar ja a blaus gscheida, weil do hätt i scho de passenden Schuah dazua!"
I bin grod in Gedanken bei dem Herz-Solo, den wos i gestern aaf d'Nacht verlorn hob und sog rein mechanisch und dummerweis den fatalen Satz: „Dann kaffma halt rote Schuah!"
„Moanst?", sagts. „Ja, wennst moanst, dann schauma schnell ins Schuahgschäft!"

Bin ich ein Depp! Der bläde Herz-Solo! Der hod mi gestern scho 1 Euro 60 pro Mann kost und heit kost er mi mindestens oa Stund im Schuahgschäft!
Sie moant, es waar gscheida, mir daadma z'erst de neia Schuah kaffa und dann's Kleidl, weil dann hamma farbmäßig scho a gwisse Orientierung. „Wos denkst du?", fragts und i denkma: „Bin ich ein Depp!"

Im Schuahgschäft follt ihr ei, dass i eigentlich aa neie Schuah brauch.
„Kaafda amol a bisserl wos Flotts, a weng jugendlich! Ned allaweil deine schworzn und brauna Treter!"
I bin 46 Johr olt, i brauch nix Jugendlichs! I brauch überhaupt nix! I hob a Poor Schuah für normale Anlässe (Eikaffa, Gartenarbeit), a Poor für besondere Anlässe (Hochzeiten Beerdigungen, Spielbank) und a Poor Gummistiefl für erfreuliche Anlässe (Pilzsuche). Des glangt! I konn aa nix daür, dass i bloß zwoa Fiaß hob, zenalln!
Um an Schuahkauf zu vermeiden, geh i taktisch vor: I spekulier aaf ihra Schamgefühl und sog: „I hob zrissne Strümpf an!" Owa des haut ned hi, weil bei uns dahoam konn koa zrissner Strumpf existiern, weil sie an jeden, do wo bloß ein Faden aussaschaut, sofort wegwirft!
Lange Rede, kurzer Sinn: I kriag zwoa Poor neie Schuah, darunter oa Poor Mokassins, obwohl dass i gor koa Indianer bin.
Sie kafftse oa Poor und zwar blaue(!), weil de andern blauen, de sie scho hod, hamm ihr eh no nie so richtig gfolln. Des is bei dera immer so: Z'erst wills wos unbedingt und wennses dann a Zeit lang hod, dann sagts „des hod mir eh no nie so richtig gfolln"! So gseng bin i für sie aa ned mehr als a blauer Schuah.

Dann gemma wieder ins andere Gschäft zum Kleidl probiern. Nach dem sechsten frog i, obma ned schee langsam hoamfohrn kanntn. „Wos bist denn du bloß für a Mensch?", sagts. „Host denn du gar koa Bedürfnis zum Shoppen? Willst du dir denn gar nix kaffa?"
„Doch, a Leberkaassemmel will i kaffa", sog i, owa des ignorierts. A Leberkaassemmel san für sie bloß sinnlose Kalorien, sowos kafftma ned, liawa sinnlose Kleidln!
Owa irgendwann is jeder Schmerz vorbei und nach guade drei Stund samma mit dem roten Kleidl, des wos sie als erstes probiert hod und drei Poor Schuah wieder dahoam. Rote Schuah kaffma dann demnächst. Der kurze Satz „i brauchert a neis Kleidl" hod mi 200 Minuten vo mein wertvollen Leben kost!

Owa des is no nix gega den Satz „i brauchert a neis Summagwanda"! Des san fünf Stund! Minimum! A Kleidl is a Kleidl, owa a Summergwanda? Des konn außer Wintergwanda praktisch alles sei! Und den Satz, den sagts meistens so Anfang März. I kimm vom Schneeraama eine und gfrei mi aaf an hoaßn Rum mit Tee, dann sagts des.

„Wia konn a normaler Mensch bei dem Weda an a Summagwanda denka? Wart halt, bis warm wird!", sog i. „Dann san de scheenstn Sachen weg!", sagts. Aso a Schmarrn! De scheenstn Sachen san sowieso immer weg, wennma mir kemma. Zumindest sagt sie des allaweil. Do stehts dann in da Damenabteilung zwischen ca. 4000 Oberbekleidungsartikeln und sagt: „Glaubst, es gibt einfach nix!"
Owa leider gibts doch wos und drum miaßma wos kaffa! Und wennma scho beim Summagwanda san, dann fallt ihr ei, dass i endlich amol a gscheide Badehosn brauch. „Wieso brauch i a gscheide Badehosn? I hob doch zwoa Badehosn und vo denen is koane bläd!"
„Owa do segtma dein Bauch aso!"
„Aso ein Schmarrn! Erstens hob i gar koan Bauch und zwoatens segtma den in jeder Badehosn! Des hamm Badehosn aso an sich, dassma fast alles segt. Wennst willst, dassma nix segt, dann muaß i am Straund mein Wintermantel oziagn!"
Sie sagt, dass sie über den Witz überhaupt ned lacha konn. Koa Wunder, es war ja koa Witz.
Aaf jeden Fall dauert de Aktion „Summergwanda" guade fünf Stund und kost mi 350 Euro plus Sprit! Und bläd kimm i mir aa vor, wenn i bei minus zehn Grad mit Pelzkappn und eitriger Mandelentzündung im Gschäft steh und sie sagt zu da Verkäuferin: „Mir brauchertma wos Luftigs!"

Owa des is alles nix gegen die dritte Heimsuchung in Sachen Textilkauf. Des is de schlimmste! Mit Abstand!
Do hockst im Urlaub am Sunntanachmittag dahoam, schaust dir an intellektuellen Film mitn Bud Spencer und'n Terence Hill o, dann kimmt sie und sagt: „Ah du, übrigens, morgn um achte in da Friah fohrma!"
Wos? Wer? Warum?
„Wohi denn?", frog i.
„Aaf Straubing zum Eikaffa!"
„Wieso Eikaffa? I brauch nix! Vo meine zwoa Hosn is koane zrissn, i hob für jeden Wochentag a extra Hemad und da Kühlschrank is aa voll!"
„I brauch eigentlich aa nix", sagts. Des „eigentlich" is scho einigermaßen gefährlich, owa der Satz, der wos dann kimmt, der is a Katastrophe! Meine Frau spricht die Worte: „I schau bloß a weng!"

Der Satz erinnert mi an d'Grundausbildung bei da Bundeswehr. Do hod da Oberfeldwebel aaf d'Nacht gsagt: „Rekruten! Morgen schauma ins Gelände!" Und i hob mir denkt: „Des passt! I hob a Fernglasl, dann konn i besser schaun!"
Owa dann samma am naxtn Dog mit 30 Kilo Marschgepäck bei 32 Grad im Schatten 20 Kilometer marschiert und danach warn Blodern an de Zeha und da Wolf zwischn de Fiaß!

Und so ähnlich is des bei meiner Frau aa. De wenn sagt „i schau bloß a weng", de moant ganz wos anders! Do bist du als Mo völlig orientierungslos! Bei „Kleidl" woaßt, es geht um a Kleidl, bei „Summagwanda" woaßt zumindest no de grobe Richtung, owa bei „i schau bloß a weng" woaßt du gar nix! Des konn alles sei.
A Mo woaß zwar grundsätzlich ned, wos a Frau will, weil sie woaß's ja selber ned. Owa beim Textilkauf is des katastrophal. Weil do konns quasi in jede Abteilung renna, du muaßt hintn nache und konnst ned frogn, wos sie do konkret braucht, weil sie braucht ja nix braucha, sie „schaut ja bloß a weng".

Des geht bei uns soweit, dassma manchmal sogar in da Dessous-Abteilung san zum Schaun. I kimm mir do extrem bläd vor, wenn i zwischen durchsichtige Unterhosn und farbige BH's umanadasteh. I hob immer des Gfühl, dass de Leit, de wos mi segn, moana, i waar pervers oder sexsüchtig oder sowos. Und wenns so waar: Des geht koan wos o! Amol warma bei de Strapse und i war nervlich so ogspannt, dass i ned mitkriagt hob, dass mei Frau scho in de nächste Abteilung weidaganga is. Kimmt unser Nachbar mit seiner Gattin daher, lacht und sagt: „Ja, da Herr Lauerer! Schauns ebba a weng?"
„I? I schau ned", howe gsagt, „sie schaut! I bin bloß aso dabei!" Dann hob in des Eck einedeit, wo grod no mei Frau war. Owa do wars nimmer, sondern a junge Thailänderin. „Öha!", howe gsagt. „Wer is jetza des?" Da Nachbar hod dreckig glacht und is weidaganga. Sei Frau hod mi ogschaut, wia wenn i a Triebtäter waar. Des san Momente, de wünsch i koan!

A anders Mal warma aa in da Dessous-Abteilung und sie wollt wieder bloß a weng schaun. Nacha is mit drei so glänzerte Drümmer in a Kabine eine zum Probiern. I hobma denkt: „Des dauert eh länger, gehst

derweil aafs Klo!" Wia i zruckkimm, war de immer no ned herausn.
„Ja, hods ebba de do drin umghaut?", is mir durchn Kopf gschossn.
Vorsichtshalber hob i den Vorhang aafgrissn und hob einegschaut.
Dann hätts fast mi umghaut. Probiert do grod a Wei einen fleischfarbenen Hüfthalter oder wia des Zeig hoaßt. I mog dera ihrer Figur gar ned näher beschreibn, owa i hob drei Wochen nix Fetts essn kinna! Mei Frau war scho längst aus da Kabine herausn und hod bei de String-Tangas gschaut.
„Versteh mi ned falsch", howe gsagt, „owa wos willst du bei de String-Tangas? Des is doch nix für di! Sowos brauchst du doch ned!"
„Du schaust aa bei de Computer, obwohl du koan brauchst!"
Do segtma, dass Frauen keine Ahnung hamm! Des is nämlich ganz wos anders! Weil über Computer muaßma informiert sei, owa doch ned über String-Tangas!

Des Schlimme bei „i schau bloß a weng" is, dassmase aaf nix mehr verlassn konn. Vorigs Mal, wias wieder schaun wollt, hob i mi seelisch drauf eigstellt, dass i stundenlang Jacken, Hosen, Blusen oder Shirts begutachten muaß. Und dann? Dann hamma zwoa Stund damit verbracht, dassma an Terrakotta-Frosch aussuacha fürn Gartenteich! Vo dem hod sie dahoam kein Wort gsagt! Des is fei scho frustrierend: Du fohrst nach Straubing, wirst aaf da B 20 blitzt und dann muaßt du an 25 Kilo schwaarn rotn Stoafrosch aussuacha helfa und in Kofferrraum einehebn. Abgseng davon: Bekleidung hamma natürlich nach dem Frosch aa no ogschaut!

Wenns um „Shopping" geht, dann san ja Frauen im Prinzip nimmer zurechnungsfähig. Vorigs Mal sagt sie nach guat vier Stunden a-weng-schaun in Straubing: „Jetza, woma scho do san in Straubing, schauma glei in Regensburg aa a weng!" De hod des nimmer überrissn, dass Straubing und Regensburg zwoa verschiedene Städte san! De war orientierungslos vor lauter Schaun!
Aa finanziell hamms koa Kontrolle mehr. Vor kurzem hob i zu ihr gsagt: „Wos? Du willst scho wieder schaun? Mir hamma doch erst vor drei Monat gschaut!"
Sagst sie: „Schaun kost ja nix!" Und dann hods vom Geldautomatn 600 Euro aussalassn.
Wahnsinn!

Mi ärgert des, weilma mir Männer in dera Richtung nix Gleichwertigs hamm. Frauen shoppen – und Männer? Mir trinkma vielleicht amol an Schoppen, owa des dauert ned so lang und is ned so deier. I hob lang überlegt, wos i mocha kannt, als Revanche quasi.

Und gestern is mir wos eigfalln! I hob zu ihr gsagt: „Heit aaf d'Nacht fohr i nach Tschechien in a Striptease-Bar!"

Sagt sie: „Spinnst du? Wos willst denn du als verheirateter Mo in da Stripteasebar?"

„I schau bloß a weng!"

Was mich immer wieder erschüttert, ist der geistige Abfall, der den Fernsehzuschauern täglich präsentiert wird. Unter dem Begriff „Talkshow" werden einem zahlen- und vor allem intelligenzmäßig äußerst beschränkten Studiopublikum mehrere noch beschränktere Kandidatinnen und Kandidaten bzw. „Talkgäste" vorgeführt. Das an sich ist tragisch genug, aber das Fatale ist, dass es draußen an den Bildschirmen Menschen gibt, die derartige Sendungen regelmäßig konsumieren und die – was noch viel schlimmer ist – das, was sie sehen, auch noch glauben.

Weil ich für meine Leser weder Kosten noch Mühen scheue, habe ich mir einige dieser Produktionen angesehen, um in diesem Buch darüber berichten zu können. Es waren anstrengende Stunden und des Öfteren kämpfte ich mit Übelkeit, aber es hat sich rentiert, denn jetzt weiß ich Bescheid und kann mitreden über lebenswichtige Themen wie zum Beispiel

Meiner Freundin ihrem Bruder sein Auto

Moderator: Hallo, liebe Gäste im Studio! Einen wunderschönen guten Tag den Zuschauern zu Hause an den Bildschirmen!

Begeistertes Gejohle unter den größtenteils tätowierten und mit sanierungsbedürftigen Gebissen ausgestatteten Zuschauern im Studio.

Moderator: Ihr seid heute aber wieder gut drauf! Ich find das klasse!

Erneutes Gejohle.

Moderator: Unser heutiges Thema lautet kurz und bündig: „Du mit deinem ewigen Rumgenörgle gehst mir auf den Wecker und außerdem habe ich mit deiner besten Freundin geschlafen!" Dazu haben wir uns natürlich auch Gäste eingeladen, und ich begrüße sehr herzlich: Die Jenny! Hallo Jenny!

Aus einem Vorhang stapft ein stark übergewichtiges weibliches Wesen auf die Bühne. Rein äußerlich ist sie ca. 16–39 Jahre alt. Zu allem Über-

fluss trägt sie ein bauchfreies Top, was ihr ein walrossähnliches Aussehen verleiht.

Jenny: *Mit dämlich-trotzigem Blick in die Kamera:* Ey, mein Freund, der Maik, ey, der ist voll fies, ey! Der sagt, ich würde ewig rumnörgeln und außerdem hat er mit meiner besten Freundin geschlafen! Ey, ich glaub, ich krieg die Krise! Und heute, wo ich im Fernsehen bin, sollen es alle erfahren: Ey, Maik, wenn du mich hörst, ey, verpiss dich! Ich will nix mehr von dir wissen, du Doofkopp! *Macht mit dem Mittelfinger eine ordinäre Geste in die Kamera und geht schwitzend zu einem der bereitstehenden Stühle. Das Publikum, zwar Maik nicht kennend, aber scheinbar trotzdem voll auf Jennys Seite, applaudiert freundlich.*

Moderator: Jenny, das ist klar, dass dir das wehgetan hat. Aber willst du dem Maik nicht doch noch eine Chance geben?
Jenny: Nee! Der kann mich mal! Der is voll der Assi! Ey, so'n Arsch is der! *Imitiert mit beiden Händen ein großes menschliches Becken, was sie ja auch selbst besitzt.*
Moderator: Wie lange seid ihr schon zusammen?
Jenny: Also zusammen sind wir schon so seit acht Wochen so, aber so richtig erst seit zwei Monaten. Weil ich war vorher mit dem Ronny zusammen, und der Ronny hat gesagt, er möchte eigentlich mit mir die Beziehung weitermachen und so, weil das mit der Jessica, das is keine Liebe nich', das is nur sexuell, so mit Sex und so. Da is kein Gefühl nich' bei. Das hat er mir selbst gesagt!
Moderator: Wer ist die Jessica?
Jenny: *Plötzlich zornig:* Ey, die Jessica, ey, die is voll die Schlampe, ey!

Das Publikum klatscht begeistert, weil Jessica eine Schlampe ist.

Moderator: Ah ja!
Jenny: Ja! Aber der Uwe, der wo dem Ronny sein bester Freund ist, der hat den Ronny voll gegen mich aufgehetzt, weil der ist eifersüchtig und so, weil der steht eigentlich auf mich!

Moderator:	Wer? Der Ronny?
Jenny:	Nee, der Uwe. Der Ronny auch, aber der Uwe hat den voll aufgehetzt, weil er auf mich stehen tut!
Moderator:	Aha! Hat er dir das gesagt, der Uwe?
Jenny:	Nee! Das hat mir die Lissy erzählt, und auf die kann man sich voll verlassen tun, weil die is Stripperin in'ner Disco! Ey, die is mein Vorbild, ey! Die hat als einzige von unserer Clique den Hauptschulabschluss geschafft! Ey, die hats drauf! Die is total inell ... intill ... entilli ... intelligi ..., also die hats voll drauf so!
Moderator:	Als einzige von euerer ganzen Clique?
Jenny:	Sach' ich doch!
Moderator:	Und wer gehört zu euerer Clique?
Jenny:	*Überlegt kurz.* Also, da wär zuerst mal die Lissy, ja, und dann noch ich. Das is so unsere Clique! Wir sind alle voll gut drauf, ey! Ey alle, die Lissy und ich auch!
Moderator:	Ah ja! Und die Lissy, die ist dein Vorbild?
Jenny:	Klaro! Weil ich will auch mal strippen tun! Ich find das voll geil, wenn die süßen Boys meinen Body anstarren! Das macht mich tierisch an! *Steht auf und dreht ihre käsigen Rundungen in Richtung Kamera; wie bestellt ertönt erotische Musik, das Publikum ist begeistert, man hört sogar „ausziehn!"-Rufe. Jenny behält aber gottlob die Kleidung an.*
Moderator:	Moment, Jenny! Ich sehe gerade, da hat jemand eine Frage! *Geht zu einem jungen Mann im Publikum, der ein T-Shirt mit der Aufschrift „Ich bin stolz, ein Analfabet tsu sain!" trägt und hält ihm das Mikro vor den Mund.* Wer bist du, und was wolltest du die Jenny fragen?
Hotte:	Ja, also ich bin der Hotte, ne, und ich wollte das Walross da vorne mal fragen, ob sie noch alle Nüsse in der Schale hat! Die sieht doch voll ätzend aus mit ihrn Fettarsch! Ey, wenn du strippst, Alte, dann wird jeder Mann sofort schwul, ey! Ey, würg, kotz, spei, ey! Abartig! *Das Publikum klatscht begeistert, Hotte freut sich, weil er seinen Satz fehlerfrei aufgesagt hat und dafür nach der Show 20 Euro erhält.*
Jenny:	*Hysterisch in Richtung Hotte:* Ey, was bistn du für'ne hohle Schwuchtel? Dich würd' ich nicht mal nach 30 Jahren Frauenknast anfassen! Gegen dich sieht'n Pickel am Arsch einer Kuh aus wie Brad Pitt! Du kannst mich mal,

	du Tunte! *Das Saalpublikum gerät ob dieser rhetorischen Glanzleistung völlig aus dem Häuschen. Hotte grinst stolz in die Runde und lässt sich gerne feiern.*
Moderator:	Also Hotte, ich meine auch: Wenn Jenny strippen gut findet, dann soll sie halt strippen! Ich find das in Ordnung. Wir leben in einem freien Land!
Jenny:	*Zu Hotte:* Genau, du Wi ... tuuut. *Ein Piepston hat ein böses Wort unkenntlich gemacht, alle wissen aber, was gemeint war und klatschen begeistert.* Und es gibt ja auch Männer, die auf Frauen stehen, die wo keine so Hungerhaken nicht sind! Die wollen was in der Hand haben! Ey!! Ey, kuckt mal! *Hebt mit beiden Händen ihre eigenen, irgendwie aufgeblasen wirkenden Brüste, was das Publikum erneut zu Jubelausbrüchen treibt. Besonders ein ca. 78-jähriger, zahnloser Transvestit in Lederkleidung kann sich kaum mehr beherrschen und muss von der Security, die sofort zur Stelle ist, davon abgehalten werden, über Jenny herzufallen.*
Moderator:	Das sind ja gewichtige Argumente, Jenny!
Jenny:	Genau, ey! Das sind meine zwei Wonneproppen! Wow! Sind sie nicht toll, Leute? Schau mal Hotte, du Versager!
Hotte:	*Beleidigt:* Leck mich, du Kürbis!
Jenny:	Selber ey! *Zeigt Hotte den Stinkefinger. Die Menge tobt.*
Moderator:	Also, um wieder zum Thema zu kommen: Du warst vorher mit dem Ronny zusammen, aber der ist jetzt mit Jessica liiert.
Jenny:	Was is der?
Moderator:	Der ist jetzt mit Jessica zusammen.
Jenny:	Genau! Die wo'ne Schlampe sein tut!
Moderator:	Okay. Und obwohl der Ronny dich eigentlich noch wollte, warst du dann drei Wochen mit Maik zusammen.
Jenny:	Yo! Weil da war'ne Party und ich war nicht gut drauf und wollte mich bei meiner Freundin ausquatschen, die wo mir immer helfen tut, wenn ich mal schlecht drauf bin, und der Maik hat mir sein Handy geliehen und ich fand das so süß und hab mit ihm gepennt, so, aber es war eigentlich nichts Ernstes, so, ich mein, okay, aber ich sach' bloß.

Moderator: Moment Jenny, da hat jemand in der letzten Reihe eine Frage!
Habib: Ja, ich wollte mal fragen konkret, ob ...
Moderator: Könntest du dich bitte erst mal vorstellen!
Habib: Nee, ich bleib lieber hier hinten, ich stell mich nicht vor! *Große Teile des Publikums freuen sich, weil Habib offensichtlich noch blöder ist als sie selbst.*
Moderator: Du hast mich falsch verstanden! Ich meinte nicht, dass du vorkommen sollst, sondern dass du uns und den Zuschauern zu Hause sagst, wer du bist.
Habib: Du meinst, so mein Name und so?
Moderator: Genau!
Habib: Ja gut! Ja also ich bin der Habib und wollt die Jenny mal fragen: Ey, ich wollt dich fragen, ob du mit jedem gleich ins Bett gehst, der dir sein Handy leihen tut. Weil ich glaub, da sollte man jemanden schon mögen so, damit man mit ihm pennt! Ich mein', so Liebe und so! Verstehst du, was ich mein'? *Publikum klatscht vorsichtshalber.*
Jenny: Ey, wie bistn du drauf? Willst du mir vielleicht vorschreiben, mit wem ich penne oder wie? Kümmer dich um deinen eigenen Scheiß, Sackgesicht!
Habib: Brauchst nicht gleich so aggressiv zu werden und so! Ich hab nur'ne korrekte Frage gestellt so.
Jenny: Ich glaub, ich krieg die Krise! Was isn das für'n Penner?
Habib: Ich mein ja nur! Ich penn nur mit Mädchen, die wo ich lieben tu und so!
Moderator: Ich meine, das sollte man auch respektieren! *Zum Publikum:* Oder wie seht ihr das? *Das Publikum klatscht ergriffen, weil Habib eine so süße altmodische Einstellung zum Thema Sex hat.*
Habib: Ey, danke Leute! Peace! *Zeigt sein ca. 500 Gramm schweres goldenes Friedenssymbol, das um seinen Hals hängt.*
Moderator: Nun aber wieder zu dir, Jenny! Du warst also mit Maik zusammen?
Jenny: Genau! Es war'ne schöne Zeit, aber jetzt hab ich die Schnauze voll! Der geht mir echt aufn Senkel! Die Schnarchnase hat mit meiner besten Freundin geschla-

	fen. Und was noch viel schlimmer ist: Er behauptet, ich nörgle dauernd rum! Der is für mich gestorben! Aber sowas von gestorben! Ey, tot, ey!
Moderator:	Aber er sagt, er liebt dich noch!
Jenny:	Mir doch egal! Ey, der Typ is so doof, dass ihn die Schweine beißen! Und weißt du was: Meiner Freundin ihrem Bruder sein Auto, das hat er zu Schrott gefahren! So doof is der!
Moderator:	Wie ist das passiert?
Jenny:	Also, das war so: Der Maik hatte'n Termin bei seinem Bewährungshelfer, weil da war mal'ne Kleinigkeit wegen Drogen und so. Da war er aber nicht schuld, sondern die Polizei, weil die hat ihn erwischt. Er wollte das gar nicht, dass die ihn erwischen. Und weil er selbst kein Auto hat, hat er sich von meiner Freundin ihrem Bruder die Karre ausgeliehen. Weil der braucht sie momentan sowieso nicht, weil er is auf Entzug und so. Und der Maik fährt so und merkt nicht, weil er doof is, dass die Ampel auf Rot is. Weil er hat grad auf sein Handy geguckt, weil er'ne SMS bekommen hat und schon war meiner Freundin ihrem Bruder sein Auto hinüber, voll. Er, der is sooo blöd! *Schüttelt den Kopf, weil sie nicht fassen kann, dass ein Mensch so blöd sein kann.*
Moderator:	Und ihm ist nichts passiert?
Jenny:	Nee, dem doch nicht! Die Blöden hamm immer das Glück!
Moderator:	Gottseidank!
Jenny:	Mir doch egal ob dem was passiert oder nicht!

Das Publikum pfeift Jenny wegen ihrer Gefühlskälte aus.

Jenny:	Ja okay, wenn ihm was passiert wär, so tot oder so, das hätt mich schon getroffen irgendwie! *Pfeifen geht in Beifall über.*
Moderator:	Auf jeden Fall möchte dich der Maik weiterhin als Freundin haben und sich bei dir entschuldigen.
Jenny:	Ey ehrlich? Der? Nee, oder?

Moderator: Doch! Deswegen haben wir dich heute eingeladen! Und hier ist er nun! Begrüßt mit einem herzlichen Applaus – den Mirko!
Jenny: Mirko? Wer is das denn?

Ein spindeldürrer, käsebleicher Jüngling mit unreiner Haut, fettigem, schulterlangem Haar und schwarzer, zu seinen Zähnen passender Lederkleidung betritt das Studio. Er bleibt stehen und spricht schüchtern in die Kamera.

Mirko: Ja hallo, ich bin der Mirko und dem Maik sein bester Freund! Ich wollt die Jenny fragen, ob sie dem Maik verzeihen tut und ich soll mich auch für ihn entschuldigen und so. Das mit dem Rumnörgeln hat er nicht so gemeint.

Das Publikum reagiert nicht, da es Maik und nicht Mirko erwartet hat und deshalb geistig überfordert ist.

Jenny: Ey, was soll'n das werden? Hast du'n Rad ab? Ich kenn dich doch gar nicht! Warum kommt der Assi nich selber, wenn er was von mir will?
Moderator: Ja, wieso kommt der Maik nicht selber, Mirko?
Mirko: Ja, das is so: Weil der hat doch heute den Test?
Moderator: *Mit gespieltem Interesse:* Test? Welchen Test denn?
Jenny: Wahrscheinlich den Idiotentest wegen dem Führerschein!
Mirko: Nein, den nicht! Den hat er erst nächste Woche! Heute ist der Test, da wo die testen tun, ob er das war mit dem Kind von der Yvonne, weil die doch schwanger is.
Jenny: Was? Wer is schwanger? Ich versteh nur Bahnhof!
Mirko: Na, die Yvonne, die is schwanger. Und sie hat gesagt, der Maik is der Vater, weil sie hat mit keinem anderen was gehabt, wahrscheinlich. Sie is sich nicht sicher, aber fast.
Jenny: Was??? Ich glaub, mein Schwein pfeift! Das darf doch nicht wahr sein!
Moderator: Doch Jenny, es ist wahr! Und jetzt kommt unsere Überraschung! Wir haben soeben per Fax das Ergebnis des Vaterschaftstests erhalten.

Das Publikum jubelt, weil endlich ein Testergebnis bekanntgegeben wird. Der Moderator erhält von einer fast nackten Assistentin ein Fax überreicht. Der Anblick der Assistentin treibt einige männliche Gäste fast zum Wahnsinn. Besonders der bereits erwähnte ältere Transvestit fällt erneut unangenehm auf.

Moderator: Danke, Jacqueline!
Jenny: Der wenn der Vater ist, den bring ich um, die Sau!
Moderator: Aber du wolltest doch nichts mehr von ihm wissen!
Jenny: Das is mir jetzt egal! Ich mach den platt, wenn der der Vater ist!
Mirko: Aber er hat gesagt, er liebt dich noch! Das soll ich dir sagen!
Jenny: Halts Maul!
Moderator: Also, ich habe das Testergebnis vor mir und lese es nun vor: Es steht mit 99,99 Prozent Sicherheit fest, dass Maik der Vater des Kindes von Yvonne ist! *Das Publikum freut sich und klatscht begeistert.*
Jenny: Den bring ich um!
Mirko: Bitte nicht! Ich hab mich doch in Maik verliebt! *Das Publikum bejubelt diese überraschende Wendung des Falles.*
Moderator: Das ist ja hochinteressant! Aber das besprechen wir nach der Werbung. Ich finde, wir haben heute wieder eine sehr spannende Sendung!
Jenny: Ich bring den um!
Mirko: *Weinerlich:* Bitte nicht!
Jenny: Halt die Klappe, du Schwuchtel!
Moderator: Weiß Maik, dass der Mirko ihn liebt? Gibt Jenny dem Maik noch eine Chance? Was sagt Yvonne dazu? Wer ist Yvonne überhaupt? Bleiben Sie dran! Und schalten Sie auch morgen wieder ein, denn wir haben ein hochinteressantes Thema: „Ich schäme mich so – mein Vater schreibt Mundartgeschichten!"

Es folgt Werbung und wir blenden uns aus. Wer der Meinung ist, diese Geschichte habe ein niedriges Niveau und es gehe kaum mehr primitiver, der sollte sich eine Talkshow ansehen!

Was macht unser schönes Bayern so beliebt? Die Berge? Die netten Menschen? Das gute Bier? Die urige Kleidung? Oder gar die seit urdenklichen Zeiten bestehende politische Beständigkeit? Ich habe es auch lange nicht gewusst, was es ist, aber vor kurzem bin ich ziellos durch saftige Wiesen, dunkle Wälder und fröhliche Dörfer gefahren. Und da habe ich ihn entdeckt, den

Spirit of my Hoamat

Heit is wieder amol a Dog,
do woma ned dahoambleibn mog,
drum pack i meine Pferdestärken
vo de bayrischen Motorenwerken
und fohr a wengerl umanand
durch unser griabigs Bayernland.

Kaam unterwegs, do les i scho:
„Reggae-Night in Oberloh",
dass do a „tropical feeling" is
steht aaf an Strohballn in da Wies.
Danebn aaf „Kruznbauer's Beauty-Farm"
gibts Wellness-Drinks für Herz und Darm.
Und is d'Figur dann wieder top
gehtma in „Resi's Waldler-Shop",
trinkt a Weißbier aus da Dosn
und kafft a trendy Lederhosn.

Ganz einsam hängt am Schulbusheisl
a Plakat des TV Obermeisl.
Der hod demnaxt beim Protznweiher
sei 27-Jahresfeier.
Es hoaßt, de Location hodma gwählt
zwecks dem Beach-Volleyball-Feld,
do gibts dann beim Fun-Turnier des TV
als Trophy a ganze halberte Sau;
und abends im Event-Zelt drin
kürt man de heurige Bärlauch-Queen.

Im Dorf drin seg i dann,
„Die Volkshochschule bietet an:
Anti-Aging-Seminare
für Singles und für Ehepaare!"
Für ganz Sportliche hoaßts dann no:
„Der Sepp lernt Ihnen Taekwando!"
Beim Kreizer-Wirt is „Ladies Hour",
do kost a großer Wodka sauer
heit ned fünf Euro, sondern bloß drei,
wennma ausschaut wia a Wei.
Für Samstag kündigt da Kreizer an:
„Cocktail-Night – you drink two and you pay one!"

Zünftig wirds im „Bistro Zenz",
do is heit abend Table-Dance,
und wer da Zenz ihrane Models kennt,
der woaß, des wird a Top-Event!
Trotzdem hodma kloane Kosten,
denn de Models san vom Osten.
Do kimmstda vor wia da Dschingis Khan,
weil de no richtig dankbar san!
Und so mancher sagt „oläck",
weil es gibt aa no an Gratis-Snack!

Doch es hilft nix, i muaß weida,
weil aaf d'Nacht, do hob i leider
a Meeting mit mein Management
aaf deitsch gsagt kimmt mei Stage-Agent.
Drum fohr i langsam wieder zruck
und seg am Gländer vo da Bruck:
„Hast du Zeit und hast du Bock?
Dann komm zu userm Stadl-Rock!
Weil garantiert bebt da die Wies
beim Revival of the Seventies!"

Wia i des les, denk i für mi:
„I möcht nirgends anders hi!
In Bayern lem, des is a Sach,
und's beste, des is unser Sprach!"

Es soll ja Autofahrer geben, die haben ihre Nerven nicht im Griff. Die werden am Steuer zum Tier, obwohl sie im normalen Leben relativ umgänglich sind. Andere Verkehrsteilnehmer werden für solche Zeitgenossen sehr schnell zu Störenfrieden, Gegnern oder gar Feinden. Und eines ist sowieso klar: Was im Regelfall auf der Straße unterwegs ist, das sind, natürlich mit Ausnahme von einem selber, sowieso

Lauter Deppen

Er: Ja sog amol, des is doch eine Unverschämtheit! Do derfma 80 fohrn und der Depp vor mir schleicht mit 35 durch d'Landschaft! Gib Gas, du Penner! Schlof ned ei!

Sie: Jetza reg di holt ned aso aaf! Des is doch a Bulldog! Der konn ned schneller fohrn!

Er: Dann soll er aaf da Wies umanadazuckeln und ned den ganzen Verkehr aafholtn. Stinka duat er aa no wia d'Sau mit sein Güllefoß, sein eklhaftn! Und überholn konne'n aa ned, weil dauernd so bläde Lastwogn entgegnkemman. I wenns scho seg, de Baraber! Da holberte Balkan fohrt bei uns spaziern!

Sie: Jamei, de kinnan doch aa nix dafür! De miaßn holt Ware liefern!

Er: Ware liefern! Dass i ned loch! Ware liefern! Wos liefern denn, ha? Rauschgift und illegale Einwanderer! Aaf so a Ware konn i verzichtn! I brauch koa Rauschgift ned! Und an illegalen Einwanderer scho zwoamol ned!

Sie: Du allaweil mit deine Vorurteile! De liefern Südfrüchte! Bananen, Orangen, Pfirsiche!

Er: Des glaubst aa bloß du! Praktisch jeden Dog steht in da Zeitung, dass da Zoll wieder a Heroin oder a Kokain oder zwanzg Tamilen aus an Lastwogn aussazogn hod! Vo Bananen hob i do no nix glesn!

Sie: Des is doch logisch! Des steht doch ned extra in da Zeitung, wenn a Lastwogn kontrolliert wird und do san dann Bananen drin.

Er:	Des is mir aa wurscht! Früher hods aa koi Bananen gebn und do is aa koaner dahungert! I brauch des Glump ned! A Schweiners hod aa Vitamine!
Sie:	Mei, bist du ein primitiver Mensch!
Er:	I? Primitiv? I? De san primitiv, ned i! Do, schau dir den o! Der hod a Schildl dran, do steht „TIR" obn. Des soll wahrscheinlich „Tirkei" hoaßn! De de san so bläd, de kinnan ned amol ehra eigenes Land schreim! Des is grod aso, wia wenn i sogn daad, i leb in Beiern! Grod aso!
Sie:	Des Schildl bedeit doch ned „Tirkei", sondern „Transport international" oder so ähnlich!
Er:	Woher willst denn du des wissn?
Sie:	Des hob i amol glesn. Und außerdem konn der gor ned aus da Türkei sei, weil er a Ansbacher Autonummer hod! Do schau hi: AN steht aafm Kennzeichen!
Er:	Des hoaßt wahrscheinlich Ankara!
Sie:	Ach Schmarrn! Des is doch a deitschs Kennzeichen!
Er:	So, endlich is der Bulldog abbogn! Zeit is wordn! Jetza fohr i scho stundenlang hinter eam her!
Sie:	Übertreib doch ned aso! Des warn höchstens drei Minuten!
Er:	Owa mir is des so lang vorkemma! So, jetza gib i amol Gas! Do host zwoahundert PS unter da Haum und dann holt aso a Odelschleidern den ganzen Verkehr aaf! So, auf gehts!
Sie:	Pass aaf, do is fei aaf 80 beschränkt!
Er:	Des is in dem Fall wurscht, weil aaf dera Streck is nie a Radar! I bin a Profi! I konn dir haargenau sogn, wo de Raubritter stenga. I schmeck de direkt! Dua di ned owe! Do schau her, 120 im dritten Gang! Des san Auto, ha? Der liegt aaf da Straß wia a Teppich!
Sie:	Wos warn jetza des für graue Eisenröhrln neba da Straß? War des ned aso a Lichtschranke oder wia des hoaßt?
Er:	Unmöglich! Aaf dera Streck is nie a Radar!
Sie:	Owa des hod aso ausgschaut!
Er:	Des war wahrscheinlich a Drum Holz oder vielleicht hod a Klempner a Rohr verlorn. Denk dir nix, i kenn mi aus in da Blitzer-Szene, i bin a Profi!

Sie:	Schau hi, do vorn beim Parkplatz steht a Polizist und der winkt dir!
Er:	Vielleicht kennt er mi!
Sie:	Des glaub i ned! Der hod aso a Kelle in da Händ.
Er:	Jamei, dann mochans holt a Routinekontrolle. Des mochan de öfter, dass a Beschäftigung hamm. Denen zoag i mein Führerschein und dann gehts wieder weida.

Er fährt nach rechts in den Parkplatz und bleibt neben einem Polizeiwagen stehen. Ein Polizist, begleitet von einem Kollegen, bittet ihn per Handzeichen, das Fahrerfenster zu öffnen.

Er:	*Durch das offene Fenster:* Griaß eich, Manner! Mochts ebba a weng a Verkehrskontrolle, dass eich ned langweilig wird?
Sie:	Jetza red holt ned so dumm daher!
Er:	Bi staad! I bin a Profi! Wennma a weng locker draff is, dann san de aa lockerer!
Polizist 1:	Guten Tag! Ausweis, Führerschein und Fahrzeugschein bitte!
Er:	Du bist ebba ned vo do, weilst mi ned kennst? I bin nämlich Gemeinderat in Wimpfling! Des is bloß acht Kilometer vo do weg!
Polizist 1:	Ausweis, Führerschein und Fahrzeugschein bitte! Und ich wäre Ihnen sehr verbunden, wenn Sie mich nicht duzen würden!
Er:	*Zum anderen Polizisten:* Öha! Isa ebba a ganz a extriger, ha?
Polizist 2:	Zeigen Sie meinem Kollegen bitte die Papiere!
Sie:	*Peinlich berührt:* Jetza zoag dem Mo deine Papiere und bi staad!
Er:	Misch di holt du ned dauernd eine, wennse erwachsene Männer unterholtn! *Zum Polizisten 1:* Do schau her, äh, do schauns her, do san meine Papiere! Is alles korrekt, kinnans ruhig oschaun! I moan, i hob ja persönlich nix gega Sie, Sie mochan ja aa bloß Eahna Orwat.
Polizist 1:	Die Papiere sind in Ordnung.
Er:	Soge doch!

Polizist 1:	Herr Unterberger!
Er:	Kennen Sie mi doch?
Polizist 1:	Ihr Name steht im Ausweis!
Er:	Ach ja, genau! Do steht er ja drin, mei Name!
Polizist 1:	Herr Unterberger! Sie sind soeben bei einer erlaubten Höchstgeschwindigkeit von 80 Stundenkilometer mit 126 Stundenkilometer gemessen worden.
Er:	Wos?
Sie:	I hob das gsagt, dass do aso a Röhrl war! I hob das gsagt!
Er:	Jetza bi holt du amol staad! Du host ja ned amol an Führerschein!
Sie:	Owa i hobdas gsagt! Howes ned gsagt, dass do aso a Röhrl war?
Er:	Also, Herr Wachtmeister, wia war jetza des?
Polizist 1:	Sie haben die zulässige Höchstgeschwindigkeit um 46 Stundenkilometer überschritten. Zieht man eine Messtoleranz von 3 Stundenkilometer ab, verbleibt immer noch eine Überschreitung von 43 Stundenkilometer. Was sagen Sie dazu?
Er:	Aaf dera Streck hamms no nie blitzt! No nie!
Polizist 1:	Mag sein, aber das ist noch lange kein Grund, dermaßen zu rasen!
Er:	Rasen! Des is doch ned rasen! Sie, i hob a neis Auto! 206 PS! 247 Spitze! Do drucktma doch gern amol draaf, oder? Sie wissen doch, wia des is, Sie san doch a junger Mensch!
Polizist 1:	Wenn ich schnell fahren will, dann mache ich das auf der Autobahn und nicht auf einer schmalen Landstraße, die auf 80 beschränkt ist.
Sie:	I hobdas gsagt!
Er:	Ja kruzenalln, jetza bi holt amol staad! Segst denn du ned, dass i mit dem Herrn Polizisten red?
Sie:	*Zum Polizisten:* „Do hod a Klempner a Rohr verlorn" hod er gsagt! I hob glei gsagt, dass des wos anders is! Owa naa, er is ja a Profi!
Polizist 1:	Wie bitte?
Er:	De brauchens ned so ernst nehma, de hod ja ned amol an Führerschein! Wissns wos: I daad sogn, vergessma de

	Sach! I zohl an Zehner, freiwillig! Sie brauchen ja aa a Erfolgserlebnis, des is mir klar. Aso machmas, oder? Schlogns ei! *Hält die Hand aus dem Fenster, damit der Polizist einschlagen kann.*
Polizist 1:	Das Bußgeld wird deutlich höher liegen als zehn Euro! Außerdem haben Sie mit einem vierwöchigen Fahrverbot zu rechnen!
Sie:	I hobdas gsagt!
Er:	Wos? Fahrverbot? I glaub, i hör ned recht! Sie, i bin a freindlicher Mensch, owa übertreibn derfas fei ned. I konn aa anders! Falls Eahna des ned bekannt is: Sie leben vo meine Steiergelder!
Polizist 1:	Ich kann Sie beruhigen, ich zahle auch Steuern!
Er:	Des is mir wurscht! I zohl mehra! Und überhaupt: Den Bulldog, der wos den ganzen Verkehr blockiert hod, den habts ned gseng, ha? Wo warts denn do, ha, wia der so langsam gfohrn is, ha?
Polizist 1:	Langsamer als 80 Stundenkilometer darf man hier fahren, nur nicht schneller.
Er:	Aha! Aso is des! Sie san ja a ganz a Schlauer! Owa des wissens scho, dass de meisten Unfälle vo de langsamen Fahrer verursacht werdn?
Polizist 1:	Nein, das ist mir neu. Wie kommen Sie denn da drauf?
Er:	Weil de oan zum Überholn zwinga! Und beim Überholn passiern dann de Unfälle! Wenn jeder immer 120 fohrn daadert, dann brauchert koana überholn und koana bremsn! Aso schauts aus!
Polizist 1:	Das ist aber eine seltsame Argumentation!
Er:	Des is ned seltsam, des is a Tatsach!
Sie:	Vier Wochen koan Führerschein? Ja, wia kimmst denn dann du in d'Orwat? Do muaßt ja mitn Taxi fohrn! Und wer fohrt mi zum Eikaffa? I hobdas gsagt!
Er:	Jetza wennst ned glei staad bist! I bin doch no am verhandeln!
Polizist 1:	Da brauchen Sie nicht zu verhandeln! Bei einer dermaßen deutlichen Geschwindigkeitsüberschreitung gibt es vier Wochen Fahrverbot.
Sie:	Mitn Taxi! Wos des kost!

Er:	Herr Oberwachtmeister! Jetza amol Klartext unter Männern: I gib Eahna an Zwanzger und Sie gebn mir a Quittung über zehn Euro und da Kaas is gessn! Is des ein Wort?
Polizist 1:	Wie darf ich das verstehen?
Er:	I woaß doch, dass Eahna Ghalt aa ned grod berühmt is! A jeder muaß schaun, wo er bleibt!
Polizist 2:	Ich darf Sie darauf hinweisen, dass Sie im Begriff sind, eine Bestechung zu begehen!
Er:	Mit Eahna red ja gor koaner! I hob Eahnan Kollegen gmoant! Owa wenns unbedingt moana, dann kriagn holt Sie aa an Zehner. Dass a Ruah is!
Polizist 1:	Ich will diesen Vorschlag überhört haben, sonst bekämen Sie größere Probleme!
Er:	Des is des, wos unsern Staat umbringt! Weil de Beamten überhaupts ned flexibel san! Gfallt Eahna des, wenn Sie wia da Django dostenga und d'Leit abkassiern? Erregt Sie des?
Sie:	Sog amol, spinnst du? Jetza reiß di holt zamm! *Zu den Polizisten:* Normal is er fei ned aso!
Er:	Weils wohr is! Wenn mei Nachbar Mittogs um zwölfe Rasen maaht und i konn ned schloffa, des sengs ned. Owa wenn i amol drei, vier Maß trink und in aller Ruhe mitn Auto hoamfohr, da sans sofort do! De echten Verbrecher wern nie dawischt!
Polizist 1:	Haben Sie was getrunken?
Er:	Des daad Eahna aso passn! Heit ned! Do hamms Pech ghabt! Heit bin i vollkommen nüchtern, grod mit z'Fleiß!
Polizist 1:	Ja meinen Sie denn, ich würde mich freuen, wenn Sie betrunken ein Fahrzeug führen?
Er:	Sowieso! Des bringt doch Punkte für d'Beförderung, wennma aso a oame Sau dawischt! Erzählns mir doch nix, i bin a Profi, i kenn mi aus! I bin Gemeinderat!
Polizist 1:	Schön für Sie! Aber ich glaube, wir brauchen nicht mehr weiter zu diskutieren.
Er:	Des daad i aa sogn! Do kinnans Gift draaf nehma, dass i mit Eahna nimmer diskutier! Sowos Verbohrts hob i no nie derlebt!

Polizist 1:	Sie können gegen das Fahrverbot ...
Er:	Wissens, wos Sie können? Soll Eahna sogn, wos Sie können?
Sie:	Mach di ned unglücklich!
Er:	Sie können mir des schriftlich mitteilen! Und jetza fohr i! Weil des wird mir langsam z'bläd!
Polizist 1:	Wie Sie wollen! Auf Wiedersehen!
Er:	Alles, bloß des ned! *Fährt.*
Sie:	Also du bringst di no amol in Teufels Küche mit dein Schmaatz!
Er:	Der konn mi kreizweis, der Klugscheißer! Und sei Kollege aa! Des werma nacha scho segn, ob i mein Führerschein abgebn muaß! I hob an Rechtsschutz!
Sie:	Der hilft dir in dem Fall aa nix!
Er:	Des werma nacha scho segn! Aaf jeden Fall hamms do no nie blitzt! Wenn des koa Argument is, dann woaß i nimmer! Man hod doch als Autofahrer aa an gwissn Vertrauensschutz, dass an bestimmte Stellen ned blitzt wird! Man konn doch ned überoll blitzn, oder?
Sie:	I glaub, des konnma scho.
Er:	Ach, du host ja ned amol an Führerschein!
Sie:	Jetza fohrst owa nimmer so schnell, gell!
Er:	Normal waars jetza wurscht, weil wenns amol blitzt hamm, dann blitzns de nächsten 50 Kilometer nimmer. Owa i konn ja sowieso ned schnell fohrn, weil vor mir scho wieder aso a Hamperer umanandaschleicht!
Sie:	Der schleicht doch ned, der fohrt genau sein 80. Wiasase ghört!
Er:	Wiasase ghört! Des san de typischen Spießer! Bei erlaubten 80 fohrt der genau 80. Ned 79 und ned 81, naa, genau 80. Des san de Allerschlimmsten! Des san de, de hamm vo Oktober bis April a lange Unterhosn an und vo Mai bis September a kurze! Wurscht, wos für a Weda is! Superspießer san des!
Sie:	Mensch, sog amol! Wia konnma denn bloß solche Vorurteile hobn? Du kennst doch den Fahrer gor ned!
Er:	Den brauch i ned kenna, weil des typisch is! Er mitn Huat am Steuer und Sie mit de Dauerwelln danebn! Und ge-

	nau 80! Do is alles klar! Des san Leit, de san so kreizbrav und langweilig, dass nimmer zum ausholtn is! Do gibts nix Spontans bei denen! Do hoaßts Sonntag Frühschoppen, dann a Schweiners mit Knödel, Montag eikaffa, Dienstag Stammtisch, Mittwoch spaziern geh, Donnerstag Gartenarbeit, Freitag gemeinsamer Arztbesuch, Samstag Auto woschn und dann eventunell a wengerl a Sex, fallsma ned Kreizweh hod. Zum Kotzen san so Leit!
Sie:	Also normal bist du nimmer! Wia konnma bloß aaf so einen Schmarrn kemma!
Er:	Do host du keine Ahnung, weil du host koan Führerschein! Für sowos kriagtma als Profiautofahrer mit da Zeit a Feeling! Zum Beispiel wenn a jungs Ehepaar vor dir fohrt und hintn sitzt a Kind drin und schaut zu dir hintere und mocht ständig Gfrieser und de Eltern unternehman nix, dann woaßt du haargenau: Des san reinrassige Grüne!
Sie:	Des hob i ja no nie ghört! Worum san des Grüne? De kanntn doch genausoguat bei da CSU sei!
Er:	Niemals! A CSU-Kind mocht niemals ungestraft a Gfries! Owa de Grünen mit ehran antiautoritären Krampf, de lassen des Kind Gfrieser macha bis zum Gehtnichtmehr. Des is denen wurscht! De sogn: „Wenn ein Kind zur Persönlichkeitsentwicklung ein Gfries machen muss, dann soll es eines machen!" Aso san de. Ob mi als Hintermann des Gfries irritiert, des juckt de gor ned!
Sie:	Wahnsinn, wos du für einen Blädsinn erzählst!
Er:	Des san Tatsachen! Jetza wenn der Aff do vorn ned glei a weng schneller fohrt, dann blend eam aaf! Des is doch ned normal! Solcherne Leit ghörtse da Führerschein gnumma, weils a Hindernis san für de komplette Menschheit! Des san de wahren Unfallverursacher! So oaner bringt di nervlich soweit, dassma sagt: „Mir is des wurscht, i holts nimmer aus, i überhol jetza! Aa wenn i nix seg, i muaß fire!" Und dann – peng – schebberts! Und wer is schuld? Der, der wos im berechtigten Zorn überholt hod! Obwohl eigentlich da Ander schuld waar, weil er so provoziert hod. Owa der gibt des nie zua, im Gegenteil, der sagt no rotzfrech: „Grod recht!"

Sie:	Du host fei komische Ansichten!
Er:	I waar do radikal! Wenn so oaner ned schneller fohrt wia 80, dem daad i sei Auto beschlagnahma und daad eam vo Amts wegen a Mofa gebn! Mit dem kannt er nacha durch d'Landschaft kriacha. I waar do rigoros!
Sie:	Jetza konnst überholn!
Er:	Zeit is wordn! Und wennma aaf gleicher Höhe san, dann streckst eam d'Zung aussa, dem Penner!
Sie:	Spinnst du? Sowos follt mir im Traum ned ei!
Er:	Dann wird der nie erfahren, wos für a schlechter Autofahrer dass er is. Des is des, wos mir aso stinkt: Solcherne Leit, de lebn aso dahi und koaner sagts eahna, dass glatte Deppen san. Irgendwann sterbns und moanan, se warn normal, derweil warns Deppen! Sowos stinkt mir einfach!
Sie:	Jetza überhol und bi staad!
Er:	Jaja, i überhol scho! Do schau ume, wia der umaschaut!
Sie:	Wieso? Der schaut holt einfach!
Er:	Der schaut ned einfach! Der schaut neidisch. Des is der typische Blick! So noch dem Motto: „Du Bonznschädl host a drumm Auto und i hob bloß aso a Schepperkistl!" Da blanke Neid is des! Woaßt, wos der mir wünscht? Der wünscht mir, dass mir irgendwer an Kratzer in mei Auto mocht! Des wünscht der mir!
Sie:	Worum soll denn der dir des wünschen?
Er:	Weil so Leit dodal primitiv san! Des kennst ja scho am Auto und am Huat! De Leit hamm null Kultur!
Sie:	Dann sei bloß froh, dass du oane host!
Er:	Do bin i aa dankbar dafür! Mei, wenn alle so waarn wia i, dann gangs aaf de Straßen viel friedlicher zua. Owa wos sans: Lauter Deppen!

Im Passamt

Wimmer: Griaß God! I brauchert an neia Ausweis, weil i fohr mitn Frauenbund aaf Marienbad. Und da Herr Pfarrer hod gsagt, do brauchtma an Ausweis und da mei is scho lang abgloffa!
Beamter: Do hod er recht, da Herr Pfarrer! Wenn Sie nach Tschechien fahrn, dann brauchens an Ausweis. Owa des is kein Problem, da machma Eahna an neia! Hamms Eahnan alten dabei?
Wimmer: Naa, der is dahoam und hod Kreizweh! Und außerdem is er ned beim Frauenbund!

Der Abschluss

Anrufer: Ja grüß Gott, Herr Lauerer! Ich hätte heute einige sehr interessante Anlagetipps für Sie. Mit tollen Renditen! Nur für Sie! Exklusiv!
Lauerer: Nur für mi? Do schau her! Wer san nacha Sie?
Anrufer: Wir sind ein unabhängiger Finanzoptimierer!
Lauerer: Aha!
Anrufer: Ja! Sie könnten zum Beispiel 10 000 Euro anlegen und würden nach sechs Monaten 11 000 Euro zurückerhalten. Wäre das was?
Lauerer: Wenn des nix waar!
Anrufer: Gell! Oder noch besser: Sie könnten 20 000 Euro anlegen und würden nach einem Jahr 25 000 Euro zurückerhalten!
Lauerer: Wos alles gibt!
Anrufer: Und nun unser Topangebot: Bei einer einmaligen Anlage von 30 000 Euro erhalten Sie nach einem Jahr sage und schreibe 40 000 Euro zurück! Und das so gut wie sicher!
Lauerer: Des möchtmna gor ned glauben!
Anrufer: Das ist nur möglich durch unser gewinnoptimiertes, patentiertes Bonus-Sicherheits-Cash-Holding-Invest-Ertrags-Super-System! Kurz: BSCHIESS.

Laurer:	Ja wenn des aso is!
Anrufer:	So ist es! Wie siehts aus, Herr Lauerer? Wenn ich persönlich bei Ihnen vorbeikommen würde, könnte ich damit rechnen, dass Sie etwas abschließen?
Laurer:	Selbstverständlich! D'Haustür, dassdma ned einakimmst!

Ostern in der Metzgerei

Verkäuferin:	Sepperl, magst a gfärbts Oa?
Sepperl:	Scho!
Verkäuferin:	Do schau her, do host a schönes rotes!
Mutter:	Wia sagtma denn?
Sepperl:	--
Mutter:	Sepperl, wia sagtma, wennma aso a schönes rotes Ei kriagt?
Sepperl:	--
Verkäuferin:	No geh, Sepperl, des weißt du doch! Du bist doch scho a großer Bub! Jetza denk amol nach: Was sagt der Papa, wenn ihm die Mama zum Frühstück a schönes gekochtes Ei hinstellt, ha?
Sepperl:	Zenalln, wou isen's Solz scho wieder?

Noch mehr Bücher von Toni Lauerer

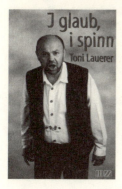

I glaub, i spinn
Neue und alte Gschichten

Treffsicher und so „wia holt d'Leit redn" lässt Toni Lauerer den Alltag mit all seinen tragischen und komischen Seiten lebendig werden.
160 Seiten, Hardcover, ISBN 3-931904-43-1, € 14,90

Wos gibt's Neis?
Gschichten aus dem verzwickten Alltag

„Witzig ist er, bissig, auch hinterkünftig, behält das Herz aber immer auf dem rechten Fleck", loben die Kritiker.
156 Seiten, Hardcover,
ISBN 3-931904-77-6, € 14,90

„Hauptsach', es schmeckt!"

Der dritte Streich von Toni Lauerer, mit seinen Geschichten und Gedanken, ist treffsicher wie eh und je.
166 Seiten, Hardcover
ISBN 3-934863-08-6, € 14,90

„Endlich wieder gschafft"

Ein Buch mit den schönsten Nikolaus- und Weihnachtsgeschichten. Neben bekannten Klassikern finden sich auch viele neue Geschichten über die Peinlichkeiten, den Stress, aber auch über die Freude rund um den „Niglo" und das „Christkindl".
160 Seiten, Hardcover, ISBN 3-934863-17-5, € 14,90

www.mz-buchverlag.de

Toni Lauerer jetzt auch zum Hören!

Toni Lauerer, seit Jahren einer der erfolgreichsten bayerischen Mundartautoren, versteht es hervorragend, die kleinen Peinlichkeiten des Alltags auf die Spitze zu treiben. Kein Wunder, dass seine Bücher ausnahmslos zu Bestsellern wurden.

Dies gilt auch für sein 2003 erschienenes Weihnachtsbuch „Endlich wieder gschafft". Mit Herz und Humor beschreibt er in seiner unverwechselbaren Art die Tücken der Advents- und Weihnachtszeit, mit denen gestresste Nikoläuse, ungeduldige Kinder, genervte Eltern und überforderte Organisatoren von Weihnachtsfeiern zu kämpfen haben. Dem Lesespaß folgt nun der Hörspaß. Wenn Toni Lauerer seinen Figuren in seinen beiden CDs Leben einhaucht, bleibt kein Auge trocken.

Die besten Geschichten aus „Endlich wieder gschafft" und „I glaub, i spinn" gibt's nun (natürlich live!) auf Hörbuch-CD.

Hörbuch-CD
I glaub, i spinn

ISBN 3-934863-18-3
€ 14,90

Hörbuch-CD
Weihnachtsgeschichten

ISBN 3-934863-22-1
€ 14,90

www.mz-buchverlag.de

Neu! Das aktuelle Buch zum Papst aus Bayern

Christian Feldmann

Papst Benedikt XVI.
Der bayerische Papst

Von Regensburg und München auf den Stuhl Petri

160 Seiten, € 9,90
ISBN 3-934863-27-2
Format 14 x 21 cm, Hardcover,
mit zahlreichen Abbildungen.

www.mz-buchverlag.de

„Panzerkardinal" oder liebenswürdiger Charmeur, Großinquisitor oder spiritueller Beweger, strenger „Wadlbeißer" seines polnischen Vorgängers oder Vordenker einer menschenfreundlichen Theologie: Wer ist Papst Benedikt XVI. wirklich? Mit seinem jungenhaften Lächeln, als er sich nach der Wahl auf der Loggia des Petersdoms zeigte, überraschte er die Welt ebenso wie mit seiner „Regierungserklärung": „Ich will nicht meine Ideen durchsetzen, sondern gemeinsam mit der ganzen Kirche auf Wort und Wille des Herrn lauschen."

Der Schlüssel zur weitgehend unbekannten Persönlichkeit des neuen Papstes liegt in seinen bayerischen Jahren, meint Ratzingers Schüler Christian Feldmann, in einer überhaupt nicht bigotten, bodenständigen Religiosität und der Geborgenheit in seiner Familie. Die spannend und unterhaltsam geschriebene Biographie erzählt von jenen wilden Jahren nach 1969, als Ratzinger Dogmatik an der Reformuniversität Regensburg lehrte und als Vizepräsident der Hochschule den Grundstein seiner späteren Karriere legte.

Das Buch zeigt den konfliktfreudigen Theologen aber auch als Privatmann, der am Stadtrand von Regensburg ein bescheidenes Haus besitzt, wo ihn seine verstorbene Schwester Maria damals umsorgte, und es schildert die enge Bindung an seinen älteren Bruder Georg, der von 1964 bis 1994 die Regensburger „Domspatzen" leitete. Welche Spuren hat Kardinal Ratzinger schließlich in München hinterlassen, wo er von 1977 bis zu seinem Wechsel an die Spitze der römischen Glaubenskongregation 1981 Erzbischof war? Wie haben die Regensburger und Münchner Jahre diesen Menschen geprägt, der jetzt als Benedikt XVI. den Stuhl Petri bestiegen hat?